LA TRAQUE
DES ENFANTS FOOTBALLEURS

Le livre qui a ébranlé le Barça

DANS LA MÊME COLLECTION

2015

Djibril Cissé
Un lion ne meurt jamais

Kodjovi Obilalé
Un destin foudroyé

Pierre Salviac
Merci pour ces moments

Michael Jordan
The Life

Marc Madiot
Parlons vélo

Guga
Un Brésilien, une passion française

Neymar, mon histoire
Conversation avec mon père

2014

Alex Ferguson, Mon autobiographie

Phil Jackson - Un coach, onze titres NBA
Les secrets du succès

Sept péchés capitaux
À la poursuite de Lance Armstrong

David Epstein, Le gène du sport

Michael Schumacher
Sa vie - Ses victoires - Ses rêves

Franck Ribéry
L'incompris

2013

The Big Miss - Mes années avec Tiger Woods
Par son coach Hank Haney

Collection disponible en version numérique

Retrouvez-nous sur www.talentsport.fr
Facebook et Twitter

LA TRAQUE DES ENFANTS FOOTBALLEURS

De Juan Pablo Meneses

Le livre qui a ébranlé le Barça

Préface Maître Didier Poulmaire

Traduction française François David

Talent Sport

À Diana

Il y a des peuples qui naissent pour créer des footballeurs et d'autres qui naissent pour les acheter. Manuel Vazquez Montalban, « Ligue de trafiquants »

Éditions TALENT SPORT,
115 rue de l'Abbé Groult, 75015 Paris

ISBN : 979-10-93463-30-8
Couverture : Éric Brognard
Photographie : © Jiri Buller

« Ce livre est publié en accord avec la Fiducie du droit d'exploiter en langue française l'ouvrage original « Ninos Futbolistas » de Juan-Pablo Meneses

SOMMAIRE

Préface

Par Maître Didier Poulmaire
Avocat au Barreau de Paris
Arbitre au Tribunal Arbitral du Sport (TAS)

La passion pour le football, qui anime des millions d'individus sur notre planète, est une chose inexpliquée. Je ne m'explique pas non plus pourquoi elle a joué un rôle aussi important dans ma vie. Ni pourquoi elle m'a conduit à tout faire pour convaincre Juan Pablo Meneses de publier son livre-événement en langue française. Mais je crois au destin.

Me trouver à Amsterdam, au congrès de la FIFPRO, à l'invitation de Philippe Piat, son dynamique président, le jour où ce brillant journaliste chilien présentait son ouvrage à l'assemblée de ce syndicat regroupant tous les joueurs de football professionnels du monde, ne doit rien au hasard. Je suis encore souvent perçu comme un symbole du sport business alors que je m'en considère presque aujourd'hui comme un « repenti ».

J'ai été trop souvent, ces dernières années, le témoin des dégâts que l'afflux brutal d'argent pouvait créer auprès d'athlètes ou de leurs parents pour ne pas saisir l'occasion de ce livre pour en dénoncer tous les risques. Étonnamment, alors que nombre d'agents enviaient les deals juteux que je réalisais pour mes clients et que la presse saluait les sommets financièrement atteints dans ces opérations de transfert ou de sponsoring médiatiques, le sentiment du devoir accompli a laissé progressivement place à un sentiment d'amertume et à l'envie forte de changer les choses. Pourquoi ? Parce que je me suis rendu compte, au gré des périples de ma vie professionnelle au service de nos champions bien-aimés, que l'injection massive d'argent dans des environnements socio-économiques incapables de comprendre et de gérer les enjeux financiers au cœur desquels ils se retrouvent générait sans doute plus de problèmes qu'elle n'apportait de solutions.

Le livre de Juan Pablo Meneses en est une autre illustration forte. Il retrace l'incroyable parcours initiatique d'un journaliste qui a eu le courage d'emprunter lui-même les sentiers sinueux qui mènent là où le juteux business des transferts de joueurs prend ses racines : dans ces pays d'Amérique du Sud où vous pouvez, pour une poignée de dollars, convaincre des parents de vous confier, voire de vous « vendre » l'avenir de leurs jeunes enfants au seul motif qu'ils sont des Cristiano Ronaldo ou des Lionel Messi en puissance.

Certaines des stars du foot actuelles ont pu, grâce à leurs « pieds magiques », bénéficier de cette bulle spéculative et atteindre les sommets argentés du football mondial. Mais ne vous y trompez pas, derrière la vitrine de la réussite d'un Neymar ou d'un Luis Suarez se cache la réalité beaucoup plus nuancée d'un terrible entonnoir dans lequel des intermédiaires sans scrupules déversent des milliers de jeunes gens animés par leurs rêves de gloire footballistique, poussés quelquefois par des parents avides d'obtenir au plus vite leur part de ce beau gâteau financier. Mais c'est un terrible entonnoir et rares sont ceux qui pourront réellement fouler un jour les pelouses mythiques du Maracanã, de Santiago

Bernabeu ou d'un Parc des Princes autrement que virtuellement, à l'occasion d'une partie de foot sur une console PlayStation.

Il serait caricatural de dire que le football mondial est irrémédiablement et profondément gangrené par ce phénomène de vente d'enfants mineurs à des agents ou à des fonds d'investissement car il existe encore, comme nous le montre le livre de Juan Pablo, de formidables entraîneurs et éducateurs, des centres de formation de grande qualité et des clubs responsables, auxquels les parents peuvent sans souci confier leur progéniture dans l'espoir désintéressé qu'elle pourra un jour vivre de sa passion. Mais il serait tout aussi caricatural de ne pas dire que le football moderne fait face aujourd'hui à des menaces très sérieuses sur l'intégrité des compétitions, sur l'équilibre personnel des joueurs et sur leur épanouissement. « Third party ownership », commissions occultes, rétro-commissions, paris sportifs, dopage, etc... Derrière ces expressions qui ponctuent régulièrement l'actualité du football se cachent les fléaux du sport moderne que seules une prise de conscience collective et une action des instances du football déterminée pourront endiguer.

À l'heure, justement, où les instances mondiales du football semblent elles-mêmes prises au piège de l'argent roi, pour ne pas dire de l'argent fou, l'ouvrage de Juan Pablo Meneses doit être considéré comme un signal d'alarme. Et je pèse mes mots. Ce témoignage rare et inquiétant des arcanes les plus secrètes du football doit conduire tous ses acteurs, au premier rang desquels les instances et les clubs, mais également les médias et tous les parents qui accompagnent leurs enfants sur un terrain de jeu, à prendre la mesure des dangers qui rôdent aussi aux abords des stades.

J'ai confiance en l'avenir. Et en l'homme. J'ai été le témoin de choses que je n'aurais jamais imaginé voir associées au football. Des jeunes joueurs sous l'emprise psychologique de « gourous », des parents qui vivent leur vie à travers celle de leur talentueuse progéniture ou encore ceux qui réclament leur dû en oubliant un peu vite qu'ils devraient rester les gardiens (désintéressés) du temple. Des petites amies qui mettent le grappin sur leur « joueur-fiancé-poule aux œufs d'or » ou encore des amis d'enfance un peu trop envahissants qui confondent sport professionnel et cour de récréation.

Mais au final et paradoxalement, je persiste à penser que la passion pour le football est trop puissante chez nombre d'entre nous pour laisser mettre durablement en danger l'intégrité du jeu. Je fais donc le pari que nous allons réussir à éradiquer cette gangrène, même s'il faut passer par une amputation.

Ce sport merveilleux le mérite et je ne vois rien, pour autant que les gouvernants du football le veuillent vraiment et qu'ils assainissent leurs rangs, qui puisse résister à la volonté collective de changer les choses, à une réglementation mieux adaptée aux spécificités du foot moderne et plus rigoureusement appliquée. J'y travaille de mon côté au quotidien, avec force, détermination et passion.

Merci Juan Pablo d'avoir permis à un modeste acteur du secteur économique du sport d'exprimer le fond de sa pensée et de venir à l'appui du témoignage passionnant et unique qui nous est livré dans ce livre. Et rappelez-vous, le football n'est pas une question de vie ou de mort. C'est beaucoup plus important que cela…

Prologue

Il a eu 11 ans il y a quelques semaines et il pense que le football va le sortir de la misère. Il en est persuadé. Il pense qu'une carrière de footballeur, ses victoires, ses buts, ses Coupes, ses voyages, ses salons privés, ses contrats publicitaires, ses hôtels, ses autographes par milliers vont le sortir de ce terrain minable d'Amérique centrale. Il vit dans un quartier ou il vaut mieux ne pas sortir la nuit. Un quartier où la drogue court encore plus vite que les rats.

Il pense que s'il s'entraîne dur, il connaîtra le monde. Pas besoin d'étudier, il lui suffira de bien jouer. Un club européen viendra bien le signer un jour. C'est son rêve. Il rêve de jouer au Barça, au Real Madrid, à l'Inter Milan ou à la Juventus Turin.

Il se verrait bien aussi en Angleterre ou en Allemagne. Il sait qu'il veut réussir mais il dit ne pas être obsédé par ça. Il a un pendentif bon marché dans l'oreille droite, une cicatrice près de la bouche, le cheveu court sur le dessus et presque rasé sur les côtés, les genoux abîmés, il mesure moins de 1,30 m mais il est le plus grand talent du quartier.

Sur ce terrain boueux, un nouveau match va commencer. Et lui, qui vient de jouer et de perdre son match, ne sait pas encore qu'il va être le héros de ce livre.

Ceci est l'histoire d'un voyage, d'une recherche, qui n'est pas une recherche philosophique ou intellectuelle. Depuis 2 ans, j'ai visité beaucoup de terrains de football à la recherche d'une personne. Un trésor convoité par de nombreux chasseurs de talents : un enfant prometteur que l'on pourra bientôt vendre à une équipe européenne.

Combien de fois, au cours de ces deux années d'investigation, m'a-t-on recommandé d'arrêter ? On m'a répété que j'allais au devant d'innombrables ennuis. Combien de fois m'a-t-on parlé tout à fait normalement des tarifs, des meilleurs circuits pour la revente, des qualités primordiales que devait posséder un petit buteur pour réussir et ainsi alimenter toute la chaîne ?

J'ai vu des enfants qui passaient leurs journées à jouer au football quand leur grand frère jouait leur vie, s'ils ne l'avaient pas déjà perdue. J'ai vécu un coup d'État. J'ai appris qu'on avait commis un massacre, un carnage sur un terrain où jouaient des enfants. J'ai connu un père qui n'a pas parlé pendant une semaine à son fils qui venait de rater un penalty. J'ai aussi fréquenté les discothèques de luxe, où ceux qui ont réussi en Europe sont les rois de la nuit, où les jolies filles, les mannequins, les vedettes de la télévision et toutes celles qui rêvent de célébrité les suivent avec la même ténacité que les chasseurs de talents de leur jeunesse.

Parce que depuis le temps, des centaines de joueurs ont réussi à traverser le fleuve et jouissent désormais de bons contrats. Des centaines de nouveaux millionnaires qui reviennent ensuite dans leur quartier avec de grosses voitures et des cadeaux pour la famille, les amis et les voisins.

Mais il y a aussi d'autres histoires. Comme celle du quartier Pablo Escobar de Medellin, en Colombie, une zone dépravée, baptisée familièrement en l'honneur de celui qui a installé l'eau et l'électricité, qui a construit des maisons et des terrains de football. Un quartier où les mamans et les grand-mères prient, en mémoire d'Escobar. En espérant que leurs enfants réussissent en frappant dans un ballon.

Il y a l'histoire du « Club Social Atletico y Deportivo Ernesto Che Guevara », une petite équipe de la province de Cordoba. Ici, une règle anti-économique et révolutionnaire veut que les enfants se convertissent en « hommes nouveaux » et non en contrats juteux. Ou l'histoire de ce père et de ce fils de Puerto del Callao, au Pérou, qui ont, sans le savoir, intoxiqué un petit Argentin appelé Lionel Messi avec un poulet rôti. Ou celle du représentant de Diego Armando Maradona et de sa relation avec l'enfant né dans une maison miséreuse. Ou encore celle de l'agent FIFA qui m'a conseillé, comme beaucoup, de ne pas trop m'attacher aux enfants que j'allais rencontrer.

Pour écrire La traque des enfants footballeurs, mon plan consistait à acheter en cash le héros de ce livre. Une expérience que j'appelle le « journalisme cash ». Ce n'est pas la première fois que les billets de banque donnent vie à mes écrits. Cette formule est simple et comprise de tous. Acheter et ensuite raconter. Consommer et écrire. Mais avec le souci permanent de connaître, de l'intérieur, cette industrie du business que, pour des raisons qui seront expliquées plus loin, nous avons pris l'habitude de ne plus regarder. Nous nous en désintéressons.

La traque des enfants footballeurs est la recherche d'un bon joueur avec l'intention de vendre, ensuite, ce « produit », principalement en Espagne. Pour que cela soit vraiment du « journalisme cash », il faut que l'opération soit rentable, comme cela a été le cas quand j'ai acheté « La Negra » pour écrire La vie d'une vache.

« La Negra » avait une semaine quand j'ai bouclé la transaction. Grâce à elle, j'ai pu écrire, pendant trois ans, sur la chaîne qui mène le veau du pré jusqu'à notre assiette.

La vente d'un enfant footballeur est plus obscure et hermétique que celle d'une vache. Comme pour la contrebande d'espèces animales protégées, la porte d'entrée des jeunes footballeurs en Europe se trouve en Espagne. Au Brésil - d'où vient la majeure partie des jeunes footballeurs -, 38 millions de bêtes sont capturées par an, sachant que 90% meurent pendant leur chasse ou leur transport. Le bénéfice, dans le commerce des animaux exotiques comme dans celui des jeunes footballeurs, est très élevé. Un « guacamayo Rosado »[1] qui vaut 15 dollars dans les forêts brésiliennes se revend 2 000 dollars en Italie. Le prix d'un jeune footballeur ne dépasse pas, sou-

1. Perroquet coloré vivant dans les forêts tropicales américaines.

vent, les 200 dollars. Mais le prix de vente final peut dépasser le million en peu de temps.

Pendant ces années, j'ai consulté des représentants, des avocats et des agents. J'ai côtoyé des journalistes qui faisaient aussi chasseurs de talents. Des responsables d'écoles de football fiers de me montrer leurs graines de champions. Des entraîneurs qui m'ont donné les clés pour mener à bien mon projet. Des agents de stars mondiales. Des parents désireux que leurs enfants soient vendus en Espagne. Des fonctionnaires de plusieurs fédérations de football. Des spécialistes des règlements FIFA. Des entraîneurs de Première division et de divisions inférieures. De possibles acheteurs en Europe et des clubs où je pouvais négocier cet achat. Ceci est leur histoire.

Chapitre 1

Les enfants

« C'est quoi ton nom ? » Je le demande au premier que je vois.

Le garçon est timide. Il chuchote quelque chose que je ne comprends pas.

« Plus fort ! Montre que tu as du caractère ! Si tu veux réussir, tu dois t'habituer aux interviews ! »

L'entraîneur de l'équipe intervient en criant.

« C'est quoi, ton nom ? » Je repose la question.

« Axel Moyano.

– Ton âge ?

– Neuf ans.

– Tu es né où ?

– À Buenos Aires.

– Ton poste ?

– Milieu gauche.

– Où aimerais-tu jouer ?
– Au Barça. »
« C'est quoi ton nom ?
– Anderson Acevedo Chavez.
– Ton âge ?
– 8 ans.
– Tu es né où ?
– Au Callao.
– Ton poste ?
– Latéral droit.
– Tu voudrais jouer où ?
– Aux Newell's Old Boys. »
« Et toi, c'est quoi ton nom?
– Sandro Marin.
– Ton âge ?
– Neuf ans.
– Tu es né où ?
– À Pueblo Libre.
– Ton poste ?
– Défenseur.
– Tu voudrais jouer où ?
– Au Real Madrid. »
« Et toi ? Ton nom?
– Aldair Caceres.
– Ton âge ?
– Huit ans.
– Tu es né où ?

– Au Callao.
– Ton poste sur le terrain ?
– Attaquant.
– Et tu aimerais jouer où ?
– À Barcelone. »
« Ton nom, s'il te plaît ?
– Diego Campos.
– Âge ?
– J'ai neuf ans.
– Tu es né où ?
– Au Callao.
– Tu aimerais jouer où ?
– Au Barça! »

Les petits de l'Academia Deportiva Cantolao viennent de terminer un match sur un terrain en terre et ils entourent maintenant leur entraîneur. L'homme s'appelle Hugo Melgar et cela fait dix ans qu'il entraîne des enfants. Il est petit, parle fort et porte un survêtement du Real Madrid. Il dit qu'il aime les couleurs des Merengue.

L'académie se trouve dans la ville de Callao, à l'ouest de Lima. Le ciel, comme toujours ici, est nuageux. Au loin, on entend des klaxons, des sirènes de police, le bruit normal de la rue. Les pères, les mères et les grands-mères présents autour du terrain s'approchent pour écouter les réponses des petits. Dans le parking, il y a une Nissan avec une grande photo du chanteur de salsa Hector Lavoe sur la vitre arrière. Un héros national qui ne joue pas au football.

Pour beaucoup de ces enfants et des personnes qui les entourent, le football n'est déjà plus un jeu. C'est quelque chose de sérieux, qui vaut la peine de laisser d'autres choses de côté, en espérant de juteux dividendes dans le futur. Ils le disent sans complexes.

La grande majorité de ces enfants fait les entraînements avec la même rigueur qu'un employé de bureau. Le reste de la famille adapte son emploi du temps en fonction de celui du petit. Ces enfants travaillent déjà.

Ils ne sont pas les seuls. En Amérique latine, plus de 17 millions d'enfants et d'adolescents entre 5 et 17 ans doivent travailler. Au Mexique, 2 millions d'enfants commencent à gagner leur vie - ou essaient - avant l'âge de 14 ans. Au Brésil, 40 000 mineurs arrivent chaque année sur le marché du travail rural ou domestique.

Il n'y a pas de chiffres exacts sur le trafic d'enfants lié au football. On est considéré professionnel seulement lorsqu'on signe un contrat avec un club. Avant, le football est normalement considéré comme une distraction. C'est en réalité un investissement.

Un projet qui sélectionne des candidats toujours plus jeunes.

Le joueur le plus précoce à avoir gagné une Coupe du monde est le grand Pelé. Quand le Brésil a battu la Suède 5-2 lors de la finale de 1958, il avait 17 ans et 237 jours. Le joueur le plus jeune à avoir participé à un Mondial est le Nord–Irlandais Norman Whiteside. Il avait 17 ans et 41 jours lorsqu'il participa à l'édition de 1982 en Espagne. Le joueur le plus précoce du football professionnel est le Bolivien Mauricio Baldivieso. Il avait 12 ans quand il joua avec son club d'Aurora contre La Paz Futbol Club, lors du tournoi de clôture 2009 du championnat bolivien. Son père, l'ex–international Julio Cesar Baldivieso, entraînait l'équipe à cette époque. Les pères des enfants footballeurs veulent toujours que leur fils joue.

C'est une nouvelle journée d'entraînement à l'Academia Deportiva Cantolao, l'école de football la plus traditionnelle du Pérou. El Callao, où se trouve le centre administratif, a une mauvaise réputation avec bandes, délinquance et propagande, bien qu'il n'y ait pas d'élections en ce moment.

À l'entrée du stade, je suis reçu par Dante Mandriotti, la soixantaine, corpulent, petit–fils d'immigrant italien qui s'était installé vers le port avant de monter une sorte d'empire du thon et du merlu. Depuis trente ans, Dante préfère « pêcher » de nouveaux footballeurs.

« Notre boulot, c'est de les placer dans les clubs avant leurs 18 ans. Les meilleurs vont en Europe. Direct, sans même jouer ici. Ce soir, il y en a un qui part en Belgique. Il a 17 ans. Il va seulement faire des essais, bien entendu. Nous en avons un autre qui est à Schalke 04, en Allemagne. Un cas spécial puisqu'il est orphelin de père et mère. Nous l'avons amené ici à 10 ans, en provenance d'un quartier dangereux de Callao. Et maintenant, il est à Schalke. »

Dante me raconte tout sans sourciller, tandis que nous marchons d'un pas lent. Face à nous, une centaine d'enfants est en train de jouer. Bientôt, eux seront déjà trop vieux.

Dante est fier de sa réussite. Il explique qu'on l'appelle tout le temps depuis l'Europe pour lui demander de dénicher la future star. Il dit qu'il n'y a pas meilleure académie que la sienne. Il affirme qu'en plus de les faire devenir footballeurs, il sort les enfants de la pauvreté. Il assure qu'il n'a pas peur des autres chasseurs de talents. Il me demande ce que je veux et, finalement, si je ne suis pas un espion. Un recruteur chilien au Pérou.

Je lui parle du livre et lui demande quelles sont les clés pour faire du bon business. Quels sont ses conseils pour acheter un enfant footballeur. « Il faut qu'il soit rapide. S'il est rapide, il a une chance. S'il est lent, il n'en aura pas. Le problème, c'est le mental. C'est la clé. Le physique et la technique peuvent se travailler. La vitesse et le mental, non. »

Dante parle brusquement, directement. C'est comme un coup de poing donné dans l'air. Il parle de ses enfants comme le ferait un crâneur de cour de récré. Selon lui, si le petit vient d'un quartier mal famé, ça l'aide à se forger un caractère.

C'est le port. Comme Valparaiso, comme La Boca. Des lieux hostiles. Il y a beaucoup de prostitution, d'alcool, de drogue, de délinquance. Il y a des voleurs. Les bandes rivales se tirent dessus la nuit. Les mômes qui viennent d'ici doivent lutter pour survivre. Ici, on joue sur des terrains en terre et c'est une autre forme d'adversité. Ils doivent éviter les trous, les pierres, les chutes…

Dans ce contexte spécial, la famille joue un rôle important. Et Dante le sait. « Ici, à Cantolao, quand un père me demande de faire jouer son fils, je le vire en deux minutes. Ils savent qu'avec moi, ce n'est pas la peine de discuter. Celui qui ne se soumet pas à mes règles, il s'en va. Il y a tant de pères agressifs… Moi, je leur interdis de venir au stade car ils perturbent l'enfant. Certains viennent sur le terrain et frappent l'arbitre… Parfois, il sortent des armes ! Ce sont de vrais parasites. »

Nous nous rapprochons d'un terrain où évoluent ceux qui ont 8 et 9 ans. Pour beaucoup d'enfants, le ballon arrive à la hauteur du genou. Mais même comme ça, on voit ceux qui sont faits pour le football. Certains ont déjà le look - tignasse fournie, boucle d'oreille, tatouages - et l'attitude de footballeurs.

La plupart des enfants dans le monde sont pauvres. Plus de 50 millions vivent en dessous du seuil de subsistance. Les enfants footballeurs sont pauvres aussi, pour la plupart. Ils jouent sur des terrains en terre aux quatre coins du monde, sous le regard de leur père, de leur mère et de leur grand-mère.

Chapitre 2

L'avion

J'entreprends mon premier voyage pour trouver le héros de ce livre. L'avion s'envole de Buenos Aires. C'est parti pour la chasse.

Toute la cabine est sombre, sauf la partie de derrière. J'entends une conversation soutenue entre deux hommes et deux hôtesses de l'air. J'attends mon tour devant la porte des toilettes.

« Et pourquoi voyagez-vous autant ? », demande l'une des hôtesses.

« Pour les affaires », répond le passager le plus jeune, un iPad sous le bras.

« Nous sommes dans le football, ajoute l'autre. Nous achetons et vendons des joueurs. »

Je reste à les écouter mais ils ne parlent plus de leurs affaires. Une hôtesse vient nous dire que l'atterrissage va commencer et que nous devons nous rasseoir. Je retourne à mon siège et me cale dans le fond en ajustant ma ceinture de sécurité. L'un des types qui parlaient aux hôtesses s'installe à son tour sur le siège devant moi. Il est à portée de main. Je lui touche l'épaule.

« Pardon, j'ai entendu votre conversation par hasard. Vous êtes dans le monde du football ?

– Vous aussi ?, me répond-il en se retournant.

– Euh… Oui, moi aussi.

– Vous vous occupez de joueurs ? Vous êtes agent ? »

Il continue de m'envoyer une salve de questions en se retournant sans cesse.

« Non, je veux seulement acheter un joueur. Vous en avez à vendre ?

– Quel type de joueur voulez-vous acheter ?

– Un enfant footballeur de grand talent.

– Ah… et devenir riche, hein ? Vous voulez le rêve du petit, c'est ça ? »

Il me dit que ce business ne l'intéresse pas. C'est un pari trop risqué sur le long terme. Pas assez rentable. Mais il me répond quand même : « Je crois que je peux vous trouver quelque chose. Appelez-moi quand vous serez à Buenos Aires. »

Il m'écrit son numéro sur un bout de papier et me donne pour la première fois son nom : Luis Smurra. Il a environ 40 ans. Porte des jeans d'ado et des chaussures blanches. Il va au Pérou comme « agent », une sorte d'intermédiaire qui touche une commission quand il boucle une transaction. Il n'a aucun contact avec le joueur. C'est un tueur à gages qui voyage avec la mission de liquider le deal le plus vite posible. Dans deux jours, Luis sera de retour à Buenos Aires et la commission sera sur son compte. Il explique qu'il faut régler quelques détails avec l'équipe péruvienne mais que cela devrait vite s'arranger. Il me confirme aussi qu'il n'aime pas le business des jeunes. Nous nous quittons en nous promettant de nous appeler à Buenos Aires. Avant de se séparer, je lui pose une dernière question.

« Pourquoi n'aimes-tu pas traiter avec les jeunes footballeurs ? »

Il me sourit bizarrement. Me touche l'épaule. Avant de monter dans le taxi qui le mènera à son hôtel, il me dit : « C'est trop risqué. Tu vas t'en rendre compte rapidement. Ce business, ce n'est que du risque. »

Chapitre 3

Le contact

Le café Haïti se situe au cœur du quartier limeno[1] de Miraflores. En face du parc Kennedy et à côté de l'Ovalo. C'est un café traditionnel, peuplé de jeunes de bonne famille.

C'est là que j'ai rendez vous avec Victor Zaferson, un journaliste sportif qui travaille pour une revue de football péruvienne. Victor sait que je veux écrire un livre sur les enfants footballeurs.

En 2002, pendant ses vacances à Buenos Aires, il avait rencontré un intermédiaire alors qu'il assistait à un match de River Plate. Le type lui avait passé sa carte et lui avait vaguement parlé de son intérêt pour le monde du football.

1. De Lima, capitale du Pérou.

Sitôt rentré de ses vacances, la première action de Victor fut de lui envoyer un mail. La réponse de son interlocuteur fut cette fois plus directe. Il demanda à Victor une liste de trente à quarante joueurs mineurs de 20 ans qui, de son point de vue, avaient le talent pour jouer en Argentine.

Une semaine après, Victor avait déjà établi une première liste. Il s'était basé sur les commentaires de la presse, les matches diffusés à la télé et ses propres connaissances. Il allait voir les matches de jeunes et si un garçon était bon, il lui demandait son âge. Puis il remplissait son tableau Excel. Il finit par envoyer une liste de joueurs sélectionnables. Et attendit longtemps avant de recevoir une réponse.

Deux mois plus tard, le type lui répondit. « J'ai montré ta liste à mes chefs. » « Il ne m'a pas dit qui étaient ses chefs, ni de quelle boîte ils venaient. Rien de rien. Seulement « mes chefs ». »

« Écoute, le Pérou les intéresse. Je vais te proposer un truc. Que dirais-tu si on te payait un salaire mensuel pour que tu nous trouves chaque dimanche les cinq meilleurs jeunes de moins de 20 ans ? »

Assis sur une chaise du café Haïti, Victor me raconte cette histoire et il reste stupéfait. On lui donnait trois cents dollars par mois pour voir les buts de la semaine et prendre des notes. Ça lui paraissait une somme folle pour quelque chose qui non seulement lui plaisait mais qui, en plus, ne lui prenait pas beaucoup de temps.

Bien sûr, ils lui écrivirent pour lui dire que tel ou tel joueur les intéressait.

« Et un jour, le contact m'a appelé pour me dire : "Ce Farfan me plaît bien. Je l'ai vu jouer. Trouve-moi son numéro." Je suis donc allé à un entraînement de l'Alianza Lima. Farfan était là, je lui ai demandé son numéro. Je lui ai simplement dit : "Salut, tu me donnes ton numéro ?" Et lui : "Oui, oui, pas de souci." »

Cette fois-ci, il ne toucha rien pour avoir obtenu un numéro de téléphone. Il allait apprendre par la suite qu'un numéro pouvait se négocier jusqu'à cinq cents dollars. Victor s'était transformé en informateur d'une organisation dont il ne connaissait qu'un intermédiaire.

Plus tard, le contact appelle Farfan et lui dit : "Tu as plu à mes chefs qui veulent t'envoyer à l'essai dans une équipe allemande." Farfan, qui n'a pas 18 ans à l'époque, répond « OK » mais précise qu'il a déjà un représentant, le Péruvien Raul Gonzalez, agent FIFA avec une longue carrière derrière lui. L'agent de Farfan leur propose de faire 50-50. Le contact appelle Victor : ses patrons ont répondu qu'ils ne bossaient pas pour un tel pourcentage.

« Trouve-nous de bons joueurs qui n'aient pas encore d'agent. Ah et ce n'est plus pour l'Argentine, maintenant. C'est pour l'Europe. »

Victor passa plus d'un an à arpenter les terrains et à regarder des matches dans les 41 districts de Lima, à la recherche d'un bon joueur avec les origines européennes nécessaires pour l'obtention d'un passeport. Il ne ramena rien. Plus d'une fois, il demanda aux familles si tel jeune pouvait avoir un passeport européen. À chaque fois, on lui faisait la même réponse : « C'est quoi, un passeport européen? »

Il préféra alors oublier une possible nationalité européenne pour se concentrer uniquement sur les talents. À chaque fois qu'il en trouvait un, il envoyait les renseignements en Argentine. Jusqu'au jour où son contact lui dit : « Tu as gagné ma confiance. Je vais te présenter à mes patrons. »

Victor atterrit à l'aéroport de Buenos Aires. Une fois son contact arrivé, il monta dans une voiture, direction le quartier de la Recoleta. Ils marchèrent vers la zone des ambassades et des boutiques de luxe et entrèrent dans un prestigieux édifice. L'immeuble, gigantesque, ressemblait à ceux que l'on voit dans les magazines de décoration.

Le contact fit les présentations. Victor salua les patrons de l'organisation, ceux qui envoyaient des talents vierges de tout palmarès en Europe. C'étaient deux Norvégiens. Un avocat et un économiste. L'économiste avait étudié en Angleterre. Les deux parlaient espagnol.

Un ami gérait le club de Watford, en Angleterre, lui confia l'un des patrons pour expliquer leurs débuts dans le commerce du football. « C'est lui qui m'a dit un jour : “Trouve-moi de bons joueurs et on les fait venir en Angleterre.” » Simple question de relations.

L'immeuble de la Recoleta avait deux appartements. Les Norvégiens passaient quatre mois à Buenos Aires, quatre à Oslo, dans leur pays, et quatre à Madrid.

Le premier contrat s'est conclu grâce à un autre contact. Un ami d'un des patrons avait un frère de 15 ans qui jouait à Rosenborg. « Je l'ai vu et je lui ai dit : “Je connais des gens en Angleterre que j'aimerais te présenter.” »

En moins de deux semaines, ils avaient gagné 200 000 euros sur le transfert. C'était un bon business mais très rapidement, ils se rendirent compte que les grandes équipes étaient « contrôlées ». Ils posèrent alors leurs yeux sur les joueurs mineurs, sans contrat. Et là, ils comprirent tout aussi rapidement que la matière première la plus intéressante n'était pas en Europe mais en Amérique du Sud.

C'est la raison pour laquelle ils s'installèrent à Buenos Aires.

À ce moment de la conversation, ils indiquent à Victor qu'ils sont tout près de vendre un Argentin en Suisse. Ils peuvent toucher près de 2 millions de dollars sur la transaction. Ils précisent ensuite qu'ils veulent faire signer un contrat à Victor, lequel accepte sans poser de questions. Il sait que la clé, dans ce business, est la discrétion. Ne pas demander le nom des patrons. Ne jamais révéler l'identité des intermédiaires. Chaque fuite peut faire capoter un transfert.

Chapitre 4

Le père

La rue où vit la famille Mendez Khan se trouve dans une zone sans histoire du district de Puerto Libre, une zone résidentielle avec beaucoup de grilles. Derrière le porche d'une des habitations, on peut voir des machines de fitness, des gars musclés qui soulèvent des haltères de 25 kilos et des publicités pour des compléments nutritionnels destinés aux culturistes.

Un jeune observe le mouvement de ces biceps en plein effort, avec Shakira en musique de fond. Le gérant de la salle de sport s'appelle William Mendez. Il a 47 ans mais en fait moins. Il a une coupe de cheveux tendance et s'habille sportswear. Sa maison est juste au-dessus de la salle de sport.

Enfant, William voulait être footballeur. Quand il avait 11 ans, il se présenta à 5h du matin pour faire un test à l'Alianza Lima. Après quatre heures d'attente, son tour était presque arrivé. Il était nerveux mais, promis, il allait courir vite, shooter fort, dribbler avec malice et - croisons les doigts - marquer un but, un super but, l'un de ceux qui marqueraient les esprits.

Malheureusement, quand ce fut son tour, un dirigeant arriva avec son fils et lui prit sa place. William ne put jamais effectuer son test. Cette scène, il s'en souvient encore parfaitement aujourd'hui.

Quand son fils Kevin vint au monde, William comprit que la vie lui offrait une deuxième opportunité. S'il lui avait manqué un père pour l'accompagner dans ses rêves, son fils, lui, ne manquerait pas de ce soutien. À partir du moment où l'enfant commença à marcher, le père lui offrit des chaussures de foot, des ballons et des maillots. Kevin allait devenir ce que William n'avait pas pu être.

Le bureau de William se trouve au fond de la maison. C'est une pièce obscure, le parquet grince quand on marche dessus. Partout, il y a des cartons remplis de vitamines pour sportifs. Des pastilles qui permettent de tenir plus longtemps sur les machines, qui bloquent la faim et accélèrent le développement des muscles. Au milieu de ces cartons, que William vend aux salles de sport, il y a une table et un ordinateur blanc.

Kevin était bon, ça se voyait. À 7 ou 8 ans, il avait déjà une bonne technique. « Je l'avais mis à Cantolao et je l'entraînais aussi de mon côté. Je voulais qu'il devienne un grand footballeur », expliqua William.

En février 1996, comme tous les ans, on jouait la Coupe de l'Amitié à Cantolao. Cette fois, pour ce tournoi de jeunes de 12 ans, on notait la présence de l'équipe argentine des Newell's Old Boys, de la ville de Rosario. Williams avait entendu dire que les Argentins faisaient bien travailler leurs équipes et il voulait voir ça de plus près.

Comme souvent dans ce genre de compétition, les clubs ne peuvent loger leurs joueurs dans un hôtel. Les familles des équipes rivales proposent d'accueillir les jeunes visiteurs. Williams contacta l'organisation pour indiquer qu'il pouvait prendre deux jeunes en charge mais à une condition : récupérer le meilleur talent du lot. Le petit qui franchit le seuil de sa porte s'appelait Léo.

Lionel ne parlait pas beaucoup. Pour ainsi dire jamais. « Je lui demandais ce qu'il faisait pour se préparer, pour s'entraîner, ce genre de trucs. C'est l'autre qui me répondait, celui qui venait avec Leo, un garçon maigre qui s'appelait Gonzalo. “Nous sommes argentins. Partout où on va, on joue, on gagne et on s'en va." Dans le texte, hein ! "On joue, on gagne et on s'en va." »

« Et ils ont gagné ?, ai-je demandé à William.

– Oui. Messi était inarrêtable. »

Car c'est bien de Lionel Messi qu'il était question.

Pendant que je parle avec Williams, son fils, Kevin Mendez, arrive dans le bureau. Il porte des affaires de sport et il a du gel dans les cheveux. Il me serre la main mollement et parle d'une voix basse. Il a à peine sorti quelques mots que son père intervient déjà : « Raconte-lui l'histoire du poulet, Kevin. »

Kevin respire un bon coup. Conscient que son père est là, tout proche, en train de l'écouter, de le regarder, de le surveiller, il se lance. « Un jour, avant la demi-finale du tournoi, on a amené Leo manger du poulet dans une restaurant près d'ici. Et ça ne lui a pas trop réussi. Il n'était pas habitué aux épices. Dans la nuit, il a commencé à vomir. Le lendemain, on devait affronter son équipe et son coach a préféré ne pas l'aligner. Il lui a dit : "On va t'emmener à l'hôpital. Tu ne peux pas jouer. Tu vas t'évanouir." Mais Messi lui a répondu : "Donnez-moi du Gatorade et je vais jouer !" »

« Non, non, c'est moi qui lui ai dit ça ! intervient William. C'est moi ! J'ai dit au coach : "Donnez-lui du Gatorade et ça va aller."

– Ah oui, c'est Papa qui a dit ça.

– C'est moi qui leur ai dit pour les sels. Messi a pu tenir sa place et il a gagné le match à lui tout seul. »

Lionel s'était intoxiqué avec du poulet frit, le plat traditionnel péruvien, plus encore que le Ceviche. Un poulet frit, très frit, trop frit, dans un pays où la consommation est de 35 kilos par an et par personne et où l'industrie aviaire pèse un milliard de dollars par an. Le prix de Messi, aujourd'hui, au FC Barcelone.

Malgré les douleurs à l'estomac provoquées par le poulet cuisiné dans sa graisse, Leo entra sur le terrain avec envie. La demi-finale entre les Newell's Old Boys et Cantolao se conclut sur le score de 10-0. Messi marqua neuf fois. Après le match, le natif de Rosario, qui jouait pour la première fois hors du sol argentin, échangea son maillot avec Kevin. Le fils de William disparut quelques instants et revint avec son trophée : un maillot rouge et noir, taille enfant, avec le numéro 10 dans le dos.

Aujourd'hui, Kevin Mendez a 24 ans. Il ne les fait pas. Il a les cheveux noirs, le teint mat et il est plus épais que l'attaquant du Barça. Kevin fait des études de cuisine, un cursus à la mode dans un pays où la gastronomie s'est transformée en fierté nationale. Il joue dans le championnat amateur de

Lima mais n'écarte pas l'idée de tenter à nouveau sa chance chez les pros.

Cela faisait des années que la famille n'avait pas entendu parler de Messi. En 2004, Kevin et William sont devant leur télé, en train de regarder un match du Barça. À un moment, le quatrième arbitre lève son drapeau pour indiquer un changement. L'arbitre central lève le bras et arrête le jeu. Entre alors un jeune joueur du centre de formation catalan, né en Argentine. Il porte le numéro 30 et s'appelle Lionel Messi.

« Quand il était ici, tu pressentais qu'il atteindrait ce niveau? » Ma question est adressée à Kevin.

« Dans son attitude, oui. Il avait toujours un ballon avec lui. Tout le temps. »

Le papa intervient. « Il ne voulait pas jouer en pro. Il voulait jouer au football. Je ne pense pas qu'il y avait grand-chose d'autre qui l'intéressait… En fait, je suis sûr qu'il ne pensait pas à l'argent, à être pro, tout ça. Ce petit était exceptionnel avec les Newell's Old Boys. Il jouait de la même manière que tu le vois jouer aujourd'hui à la télé. Je ne perçois aucune différence. Je me demande s'il y en a un autre comme lui en ce moment en Argentine. Comment font-ils pour les former aussi bien ? »

William allume son ordinateur pour que me montrer une vidéo. Le petit est surprenant, c'est incontestable. Il a à peine 9 ans et dribble la moitié de l'équipe adverse pour aller marquer un but. Peut-être Kevin se dit-il secrètement qu'il n'a pas eu de chance. Chaque but de Messi, chaque remontrance de son père lui rappellent ce que ce dernier lui a toujours dit : lui aussi, il aurait pu réussir.

Je raconte à William que je cherche un joueur. Je lui demande si Kevin a échoué à cause de son attitude ou à cause de l'attitude de son père.

« Bah, je ne sais pas… J'ai mis la pression sur mon fils et je pense que cela a été une erreur. Je crois qu'aujourd'hui, il a perdu ce que Leo a su garder. Lionel était heureux avec un ballon et il est toujours heureux avec un ballon. Beaucoup deviennent pros et oublient de s'amuser. On peut dire ce que l'on veut de Diego Maradona mais je pense que ce type aimait le football avant tout. Et il aurait toujours aimé le football s'il était resté pauvre. »

Chapitre 5

Le fils

Il y a deux moments qui ont marqué Kevin dans sa vie d'enfant footballeur. L'un est connu. Quand, à 9 ans, un petit Argentin nommé Lionel Messi a franchi le seuil de sa porte et a vomi tout ce qu'il avait dans le ventre. L'autre est privé. Il avait 10 ans quand son père, qui faisait tout pour qu'il réussisse dans le football, cessa de lui parler pendant des jours après une défaite.

William vient de quitter le bureau. J'interroge Kevin sur ce qui s'est passé ce jour-là. On le sent plus libéré. « La pression que me mettait mon père me tirait vers le bas. Quand Papa n'était pas en tribune, je jouais mieux. Quand il était là, je ne jouais pas mal mais je n'arrêtais pas de le regarder. »

Kevin se souvient de ce jour qui a marqué sa vie d'enfant footballeur. Il est midi à Cantolao. C'est jour de match. Un match important. Tous les parents sont dans les tribunes en train de crier sur leurs enfants. Les petits espèrent réaliser l'action du siècle, celle qui les mènera loin de ce quartier sans âme.

Le match est brouillon et Kevin sait déjà qu'il n'est pas dans un bon jour. Les deux équipes sont à égalité quand l'arbitre siffle le coup de sifflet final. Le match va se jouer aux penalties et la pression commence à être insupportable.

La série débute. Kevin ne veut pas tirer mais son père insiste depuis la tribune. « Kevin doit tirer ! »

Aucun joueur n'a raté jusqu'à présent. Vient le cinquième et dernier tir au but. « Kevin doit tirer ! » Mais Kevin n'a pas envie de tirer. Tout le monde crie, tout le monde s'est enlacé après chaque tir au but réussi. Le ballon arrive lentement jusqu'à Kevin. Il le bloque et veut le donner à quelqu'un d'autre. Mais son entraîneur lui dit : « Bon, c'est à toi maintenant. »

Quand l'arbitre l'autorise à frapper, Kevin n'entend plus que les cris de son père qui lui dit où placer le ballon. Kevin veut s'enfuir.

Il s'élance.

Il ne doit pas rater.

Il va réussir car son père n'a jamais été footballeur.

Il doit marquer car il veut devenir pro.

Il court avec une pression qu'il n'a jamais connue avant.

Il court la peur au ventre. Il a envie de pleurer.

Il court et ses jambes ne le portent plus.

Il court, ferme les yeux et frappe dans le ballon.

Mais sans aucune force. Le ballon arrive mollement dans les bras du gardien adverse. Les enfants footballeurs de l'équipe adverse se congratulent et forment rapidement une pyramide humaine, sous les vivas de leurs parents. Le papa de Kevin, lui, ne crie plus. Il ne parlera plus à son fils pendant plusieurs jours.

Kevin croit toujours qu'il peut devenir footballeur professionnel car son père, lui, n'y est jamais parvenu.

Chapitre 6

L'agent

Je partage la table d'un agent FIFA, de son frère et d'un ami qui nous a présentés. L'agent FIFA ne comprend pas pourquoi il a été invité mais il apprécie le fait de manger des fruits de mer. Je suis en train d'écrire un livre sur le business du foot. Je veux acheter un enfant footballeur.

« Bon, écoute… Je ne sais pas si tu veux vraiment écrire un livre ou si tu veux faire du business. Mais je vais te dire une chose que personne ne veut comprendre. Le football n'est pas un business. »

Il me sort tout ça en mangeant ses huîtres et ses écrevisses. Il porte un costume gris, une cravate un peu négligée et une énorme montre au poignet. Il a plus de 60 ans et il a les cheveux blancs. Au cours de la conversation, il raconte quelques anecdotes. Mais il ne se relâche jamais complètement. Il n'a pas confiance en moi.

La FIFA compte plus de 5 000 agents licenciés. Ces derniers ont passé un examen et présenté des documents les autorisant à exercer. Ce sont des gens diplômés.

L'agent avec qui je déjeune est ingénieur. Il est agent depuis plusieurs dizaines d'années. Il a plein d'anecdotes à raconter, comme celle de ce jeune footballeur qu'il a placé aux Pays-Bas et qui est devenu un grand joueur.

« Mais c'est un grand joueur seulement avec une bouteille de whisky, rigole-t-il. La moitié de l'année, il est blessé. L'autre moitié, il est bourré ! »

Je raconte à l'agent que je m'intéresse déjà à deux joueurs. Je lui dis que l'un d'entre eux, un enfant de 11 ans, veut acheter de la nourriture et des meubles pour sa famille avec son premier salaire.

Tous ces petits coqs se mettent sur le marché car ils sont très pauvres. Ils veulent acheter de la nourriture, des sacs de sucre, des litres d'huile. Quand ils reviennent chez eux pour les vacances, ils dévalisent les supermarchés pour que leur famille ne manque de rien.

Dans le monde du football, tout le monde se connaît. Ou plus exactement, personne ne se connait. À chaque fois que je prononce le nom d'un agent, l'agent FIFA me répond la même chose. C'est une ordure. Un escroc. « Lui, ne prononce plus jamais son nom devant moi… » Il raconte qu'il s'est fait voler plein de joueurs. Aujourd'hui, le plus sûr moyen de piquer un jeune à un autre agent est de lui offrir des cadeaux et d'attendre que le contrat qui le lie à son représentant se termine. L'agent FIFA se souvient qu'il en a récupéré un en lui achetant une console de jeux vidéo et un autre en lui achetant une voiture.

« Si tu veux entrer dans le marché, tu dois savoir que tu peux te faire voler ton joueur. Et que finalement, il reste un mineur, qu'il ait 7, 12 ou 17 ans. » Selon la Convention des Droits des Enfants, depuis le 2 septembre 1990, un mineur est une personne qui n'a pas encore 18 ans.

L'agent insiste pour que je ne le cite pas. Il me regarde et me demande : « Et que va-t-il se passer si tu t'attaches à l'enfant ?

– Je veux le vendre avant de m'attacher. Je sais que la meilleure manière de faire de l'argent est d'acheter et de vendre le plus vite possible.

– Tu es prêt à avoir toute la famille sur le dos ?

– Euh… Non. Ça, je n'y avais pas pensé.

– Quand tu auras la famille sur le dos, ils n'arrêteront pas de te demander de l'argent. »

Quand l'addition arrive sur la table, il regarde sa montre brillante et fait mine de sortir son portefeuille. Puis remercie pour l'invitation et me souhaite bonne chance pour la suite.

« Bon, je résume. Je l'achète ou je ne l'achète pas ? » Je le lui demande quand même une dernière fois. Il me tend la main et me dit en guise de conseil : « Je ne te dis pas ce que tu dois faire ou ne pas faire. Je te dis que tu ne dois jamais le faire. »

Chapitre 7

L'appel

Je rentre en Argentine, obsédé par ma quête. Quand quelqu'un sort de l'aéroport de Nairobi, au Kenya, la première chose qu'il voit, ce sont les parcs naturels, les animaux et les publicités pour les safaris. Quand on arrive à Buenos Aires, la première chose que l'on voit en sortant de l'aéroport, ce sont les terrains pour les jeunes footballeurs prêts à l'export. Je demande au chauffeur de taxi comment va le pays en ce moment et lui me parle tout de suite de football.

« Je vois que vous connaissez votre sujet, lui dis-je. Je cherche de jeunes footballeurs. Vous savez, ces talents qui ne sont dans aucun club. Je veux en amener un en Espagne. » Je fais exprès de vite dégainer pour voir sa réaction. Il se tait quelques secondes et me demande : « Vous êtes dans le football ? »

« Je cherche des jeunes qui n'ont pas encore 14 ans et que je peux emmener en Europe. »

À ce moment-là, il baisse le son de la radio. Il se tourne vers moi, tout en continuant de rouler, et me sort : « Moi, j'ai un petit gaucher, vous ne pouvez même pas imaginer… C'est un joyau ! » Il embrasse ses doigts.

Tout le reste du trajet, il ne me parle que du talent de ce jeune. « C'est un avion, une vraie machine. Vous devez absolument le voir. C'est un crack. » Il insiste encore et toujours. Le chauffeur affirme que le garçon est très rapide et résistant. Il prend des coups chaque semaine sur les terrains mais ne dit jamais rien. Arrivé à destination, il descend du taxi, ouvre son coffre et attrape une sacoche en cuir d'où il sort une carte de visite.

« Appelez-moi. Ça, c'est mon numèro et voilà mon nom. Carlos Fernandez F. »

Durant la semaine, j'appelle Luis Smurra, l'agent que j'ai rencontré dans l'avion. Il est au Paraguay, nous décidons de nous rappeler un peu plus tard. Je parle aussi au promoteur, qui est en Espagne et que j'irai voir un peu plus tard à Madrid. Lui connaît mon plan en entier et m'assure que, sauf catastrophe, nous allons nous faire beaucoup d'argent.

Le promoteur est quand même nerveux. La crise financière qui frappe l'Espagne l'oblige à boucler la transaction rapidement. C'est pour cela que je dois l'informer régulièrement de la situation.

La semaine suivante, j'appelle Carlos Fernandez F., le chauffeur de taxi qui doit me présenter ce jeune qui vole, qui est un phénomène, qui est un crack. Il me dit qu'il a déjà parlé à ses parents. Mais précise qu'il s'est un peu trompé : le jeune, le crack, celui qui vole sur un terrain a déjà 19 ans.

J'appelle aussi en Colombie. À Medellin et à Cali, où deux projets peuvent être intéressants pour moi. Quelques jours plus tard, je parle pour la première fois à Guillermo Coppola, l'agent le plus célèbre d'Amérique du Sud. L'homme qui a représenté Diego Armando Maradona pendant des années. L'homme qui a fait du métier d'agent un synonyme de luxe, de champagne et de belles femmes. Coppola me donne rendez-vous dans son bureau dans les jours suivants.

Chapitre 8

Le patron

Il y a du soleil aujourd'hui à Medellin, une cité entourée de vertes collines, avec ses maisons de briques à perte de vue et ses femmes connues pour être les plus jolies du pays. Ici s'est construite la légende de Pablo Escobar Gaviria, le trafiquant de drogue qui devint sénateur. L'homme qui tua des milliers de personnes mais fit construire des habitations et donna des montagnes d'argent aux pauvres. Celui qui posa des bombes et créa des terrains de football.

Le septième entrepreneur le plus riche du monde en 1989 selon la revue Forbes. Le patron généreux qui rencontrait des politiques, des hommes d'affaires, des arbitres, des joueurs et qui avait une faiblesse pour les reines de beauté. Le collectionneur de voitures et d'animaux qui, enfant, n'avait qu'un rêve : être footballeur.

Chaque fois que je viens à Medellin, je pose la même question : « Les gens ont-il fêté ou pleuré sa mort ? » Les réponses varient. Il y a eu une certaine joie mais aussi une grande tristesse.

Je suis venu à Medellin pour le football. En 1989, la ville a compté dans ses rangs l'une des meilleures équipes de l'histoire du continent : l'Atlético Nacional, dirigé par Francisco « Pacho » Maturana, avec Andres Escobar comme capitaine et René Higuita comme vedette dans les buts. L'Atletico est devenu la première équipe colombienne à gagner la Copa Libertadores. L'un des grands protecteurs de ce club alors au sommet était un type à moustaches, né à Rionegro, fils de paysans, appelé « le Patron », « le Seigneur » ou encore « le Tsar de la cocaïne ».

Il y a une photo de Pablo Escobar descendant d'un avion la Copa Libertadores dans les mains ainsi que plusieurs photos de lui dans les tribunes du stade El Campin de Bogota prises pendant le tournoi le plus important du continent. Le narco-trafiquant le plus célèbre de l'histoire a commencé à investir de l'argent dans le football au début des années 80, injectant dans les équipes colombiennes des millions venus de la coke. À cette époque, les matches étaient achetés, les arbitres étaient assassinés, les joueurs étaient extorqués dans un seul et un même but : gagner un match de football.

Ces mêmes années, Pablo Escobar monta la première grande multinationale dédiée au transport et à la commercialisation de la cocaïne : le cartel de Medellin.

On ne parle pas de n'importe quel délinquant. Au faîte de sa gloire, Pablo Escobar achetait des maisons aux sans-abris. Escobar ne mettait pas seulement de l'argent dans le football professionnel. Il fit aussi construire des terrains dans les zones les plus désœuvrées de la ville. Une cinquantaine, au moins.

Escobar fut rapidement surnommé « le Robin des Bois colombien ». Le fils de Adel de Jesus Dari Escobar et Hermilda Gaviria savait exactement ce dont avaient besoin les zones les plus marginales du pays : un toit et du football.

Dans le documentaire The Two Escobars, de Jeff et Michael Zimbalist, Jhon Jairo Velasquez Vazquez, dit « Popeye », un « nettoyeur » et homme de confiance de Pablo Escobar, raconte que ce dernier « ne pensait qu'à tuer mais le football était sa passion, son moment de relâchement. Dans sa logique de guerre, il y avait parfois des moments de détente et s'il pouvait voir un match, il le faisait. »

Popeye se souvient d'une fuite. La police de Magdalena les avait encerclés. Ils avaient marché pendant quinze jours et quand ils avaient enfin réussi à semer les militaires, il ne restait plus que Popeye et Escobar. Les deux s'installèrent dans une cabane, aux aguets. « El Patron » avait sur lui une petite radio à piles qu'il alluma pour écouter un match de football. Ça le relaxait, le tranquillisait comme rien au monde. Popeye, en revanche, n'arrêtait pas de s'agiter, par crainte d'être découvert. Voyant cela, Escobar chuchota son nom : « Pope, Pope… » Popeye pensait que les militaires arrivaient. Que l'affrontement final allait bientôt commencer. Il enleva la sécurité de son arme, posa le doigt sur sa gâchette et demanda :

« Qu'est-ce qui se passe, patron ?

– La Colombie a marqué ! »

Et Jaime Gaviria, premier frère de Pablo Escobar, d'enchaîner sur le sujet : « Nous faisions le tour des quartiers pour installer l'électricité dans les stades. Les meilleurs footballeurs du pays sont d'origine modeste. Sur ces terrains de Medellin ont débuté Alexis Garcia, Chicho Serna, René Higuita, Leonel Alvarez. D'où leur amitié avec Pablo, qu'ils ont connu quand ils n'étaient encore que des enfants footballeurs. »

La coke a toujours été un gros business, aussi grand que le football. Chaque année, le marché de la drogue rapporte 92 milliards de dollars, c'est-à-dire cent fois la valeur de Lionel Messi. Cinquante équipes composées de dix Messi plus un gardien. Deux championnats entiers de 25 équipes. Des équipes qui n'auraient que le joueur le plus cher du monde à tous les postes. La coke a toujours été une marque sud-américaine, comme le football. L'Amérique latine est l'endroit de la planète où la consommation de drogue a connu la plus forte hausse. Aujourd'hui, plus de deux millions de personnes s'en injectent régulièrement. Et comme le business des enfants footballeurs, ce commerce génère d'énormes bénéfices. Un kilo de cocaïne acheté en Colombie ne vaut même pas 2 000 dollars. Mais aux États-Unis, il se revend 30 000 dollars. Pablo Escobar fut le premier à comprendre la dimension globale du marché.

Aujourd'hui, il est compliqué de visiter le quartier Pablo Escobar de Medellin. Presque tous les taxis refusent d'y aller. À l'hôtel, on vous conseille de vous rendre dans d'autres coins.

Le quartier est rempli d'enfants. Ils apparaissent de partout, montent et descendent les escaliers en criant joyeusement. Beaucoup portent des maillots de football, du Barça, de l'Inter, de Boca Juniors et de la sélection colombienne. Il y a des femmes aux bras chargés de courses : pain, sucre, farine et peut-être des bougies pour honorer Santo Nino d'Atocha. Et bien sûr Pablo Escobar. Aux deux protecteurs, on demande des faveurs, de l'aide, des miracles.

Le quartier fut inauguré en 1984 avec 443 maisons, toutes offertes par « El Patron ». Aujourd'hui, il y a plus de 3 000 habitations et le quartier va encore s'étendre.

« Moi, je veux être footballeur quand je serai grand », assène Alejandro Rico, un petit tout maigre au sourire contagieux et aux genoux abîmés. Il va bientôt avoir 12 ans. Il a un short de footballeur, un maillot bleu, le numéro 8 dans le dos et une paire de chaussures qui ont été blanches un jour.

« Et tu joues dans un club d'ici ?

– Je joue à l'école et sur ce terrain, là-bas », dit-il en montrant du doigt un petit rectangle de terrain en terre sur lequel il y a deux buts, ainsi qu'une alimentation électrique installée à l'époque d'Escobar.

Une douzaine d'enfants sont en train de jouer sur le terrain. Il y a ceux en short, les footballeurs, et ceux en jean large, les membres de gangs. Il y a ceux en maillot large, les footballeurs, et ceux qui montrent leur torse tatoué. Ils se disputent tous un ballon dans ce quartier imaginé et construit par « El Patron ».

Parmi les rares personnes qui suivent le match, il y a Silvia, la grand-mère d'Alejandro Rico. Elle vient d'avoir 60 ans mais on lui en donne 50. Elle a peu de cheveux blancs dans sa tignasse noire et peu de cicatrices sur ses longs bras. Sa famille fut l'une des premières à s'installer ici.

Silvia passe le temps à regarder son petit-fils jouer au football. Le foot, les séries B et les rares choses qu'elle peut acheter au marché sont ses distractions. Le dimanche, elle parcourt plusieurs kilomètres pour aider à la messe de la chapelle San Simon, une petite église qui a été fermée plusieurs années. Le curé a toujours pensé qu'elle avait été construite grâce à l'argent de la drogue. Et de fait, Pablo Escobar avait financé le projet, pensant que ça rendrait sa mère heureuse.

Alejandro est le meilleur joueur de l'équipe. Il est rapide, dribble bien, fait des efforts en défense, domine ses partenaires et ses adversaires avec l'habilité d'un pickpocket. Il pourrait percer en Europe mais sa grand-mère ne veut pas qu'il parte d'ici, de son quartier, de sa ville, de son pays. Pour rien au monde.

Un camion passe, annonçant le prix des légumes via un mégaphone. Au coin de la rue, une auto double et crache un refrain de Willie Colon. En bas, on peut voir le centre de Medellin.

Chapitre 9

La Fédération

On prétend que ça a été une réunion décisive pour l'avenir du football et les transferts de mineurs. Nous sommes en juin 2009. Le président de la FIFA, Joseph Blatter, assiste à un congrès extraordinaire de la CONMEBOL[1]. Tous les dirigeants sont déjà arrivés à Nassau, capitale administrative et économique des Bahamas, un ou deux jours avant l'évènement.

Ils sont là, prêts à décider du futur d'un sport, cachés dans un endroit tenu secret. La ligue de football des Bahamas compte à peine huit équipes et son meilleur classement FIFA a été 146e en 2006. Le pire : la 193e place l'année précédente.

1. *Confédération sud-américaine de football.*

La FIFA regroupe 209 associations et fédérations de football. En 2009, pendant cette réunion, le but de la FIFA et de ses membres était visiblement de se cacher. Le président de la Fédération s'était néanmoins engagé à protéger les clubs sud-américains des transferts permanents de joueurs mineurs en Europe.

Qui a assisté à ces conventions de la FIFA confirme que pendant les réunions, on ne regarde pas à la dépense. La démonstration de pouvoir est constante. Au cours de cette assemblée, Joseph Blatter évoqua, devant tous les membres, son « obligation morale de défendre les enfants de 13 ou 14 ans du Brésil, d'Argentine et des autres pays, pour éviter que les futurs grands footballeurs ne soient éloignés de leur patrie ».

Ce congrès de la FIFA aux Bahamas n'était pas le fruit du hasard. Quelques mois avant le congrès de Nassau, le président du Brésil à l'époque, Luiz Inacio Lula da Silva, avait personnellement demandé à Joseph Blatter de faire intervenir la FIFA. Il voulait que la Fédération internationale s'oppose aux départs de mineurs brésiliens en Europe.

A Nassau, on posa les bases d'un accord qui allait devenir officiel un an plus tard : le système de corrélation de transferts (Transfer Matching System ou TMS) qui enregistre de manière automatique les données du joueurs et évite ainsi les fraudes lors des opérations économiques liées aux transferts. Le TMS, fonctionnel depuis 2010, se charge de suivre en détail l'historique de chaque joueur. Il permet de calculer une compensation rétroactive pour les clubs formateurs, ceux qui ont permis aux joueurs de se développer avant qu'ils ne partent dans un club plus grand, la plupart du temps en Europe.

Avec ce nouveau système, présenté au bord d'une piscine spectaculaire, on allait pouvoir éviter l'astuce consistant à justifier le départ d'un jeune en prétextant un changement de domicile de ses parents ou de ses tuteurs. Autre objectif : réguler les opérations concernant des joueurs dont on ignorait l'âge exact. Enfin, il s'agissait d'éviter les querelles entre clubs pour la question des droits sur un footballeur.

Quelques mois après l'annonce officielle de ce nouveau système, qui visait tout de même à éviter la vente d'enfants d'un continent à un autre, le Real Madrid présenta en conférence de presse son nouveau renfort : Leonel Angel Coira, un Argentin de 7 ans.

Chapitre 10

L'entraînement

« Oui, c'est moi, le père d'Edwin. Enchanté. » L'homme me montre un siège rouge planté sur un côté du terrain et m'invite à m'asseoir.

Le match d'entraînement au centre Sarmiento Lora, à Cali [1], est très dur. Les joueurs ont à peine 13 ans mais ils ne retiennent pas leurs coups, se tapent et se provoquent comme si c'était une finale de Coupe du monde. Jairo vient de marquer un but après avoir effacé trois adversaires. Quelqu'un me dit, entre deux applaudissements, que le monsieur avec une moustache et une casquette de baseball est le père du joueur.

Nous sommes en pleine semaine. Il est 16h. L'école est située dans la zone de Juanchito, à trente minutes du centre de Cali.

1. *Ville située dans l'ouest de la Colombie.*

« J'ai deux enfants mais Edwin est celui qui a le plus de chances de percer, me dit Jairo qui suit l'entraînement aux côtés de deux autres pères.

– Vous pensez qu'il va y arriver ?

– Bien sûr qu'il va y arriver ! »

Dans le monde des jeunes talents, les promesses « y arrivent » ou « n'y arrivent pas ». Comme si le jeune était un train attendu en gare. Il y a ceux auxquels le destin sourit et ceux qui s'arrêtent en chemin, se perdent et finalement déraillent.

Jairo a 52 ans et affirme qu'il est dans les affaires. Il ne rentre pas dans les détails mais son temps libre lui permet de passer des après-midis entiers à regarder les entraînements des jeunes. Bien sûr, il ne fait pas que regarder. Il parle aussi beaucoup avec l'entraîneur, le médecin, les dirigeants. Il veut tout savoir des prochains voyages de son fils. Il veut éviter tout grain de sable qui pourrait venir se glisser dans une carrière naissante. Il faut que « Edwin y arrive ».

« Comment décririez–vous le jeu de votre fils ?

– Il est rapide, très rapide et possède un super tir. Il comprend le jeu, analyse bien les situations et il a une grosse envie de réussir. Edwin ne vit que pour le football. Il veut aller en Europe, intégrer un grand club. Si on le lui propose, il part demain.

– Et si je veux l'acheter, je dois en parler avec vous ?

– Ça, on verra.

– Je dois parler avec le club ?

– Non, non, avec moi. C'est mon fils, quand même ! Mais il faut voir où il jouera, son plan de carrière…

– Et si je vous dis que je peux l'emmener en Europe, dans un club espagnol ou italien ? Combien pourriez–vous me le vendre ?

– Il faut que j'en parle avec d'autres personnes.

– Vous ne voulez pas me donner un chiffre ?

– Attendez voir… Je veux d'abord savoir où vous allez l'emmener. Ce que vous comptez faire de lui.

– J'écris un livre et j'ai besoin d'un bon joueur sud–américain. Je veux l'acheter pour le vendre en Europe.

– OK. Faites–moi une offre. »

Sur un terrain voisin, d'autres joueurs font des abdos. À partir de 5 ans, les jeunes sont prêts à s'entraîner dur. À partir de 10 ans, un enfant bien préparé peut déjà augmenter la musculature de ses pieds, sa détente, sa capacité cardiovasculaire, sa vitesse de réaction, sa motricité, la densité de ses os, son niveau de testostérone, et aussi développer sa vision périphérique.

Au centre de formation Sarmiento Lora, les entraînements commencent à 14h30. À l'entrée de l'école, dans un patio très vert, avec beaucoup d'arbres, deux soldats armés vous reçoivent. Au-delà de l'intimidation, cette présence répond à une certaine logique. À Sarmiento Lora, on développe les plus grands talents du football colombien.

Le coordinateur du club s'appelle Rigoberto Velez. C'est un type qui vous salue de façon virile et porte les couleurs vertes et blanches de l'académie. Pas besoin de lui poser la première question : d'entrée, il vous explique que les plus grandes perles de la région sont sortis d'ici. Faustino « El Tino » Asprilla, Miguel Calero, Mario Alberto Yepes, Faryd Mondragon. Mais Rigoberto Velez refuse de dire que l'argent est son moteur.

« Mon ami, ici, les règles sont claires. On ne fait pas d'affaires sur le dos des enfants. Aujourd'hui, nous avons plus de 400 joueurs entre 8 et 20 ans. On veut que tout le monde réussisse mais ce n'est pas un business.

– D'après votre expérience, quelles qualités doit avoir un jeune pour réussir ?

– Avant tout, qu'il soit responsable, qu'il soit droit.

– Et au niveau physique ?

– Il faut qu'il soit costaud, qu'il ait une bonne musculature, qu'il mange bien, qu'il ait envie de réussir. Et surtout, qu'il soit discipliné. Très discipliné. »

Même si cette école prétend être la plus grande réserve de jeunes talents, à quelques pas de là, à Tumaco, les perles se montrent avec la même fierté. Le journaliste Alberto Salcedo Ramos écrivit un jour dans SoHo un article intitulé « Voyage dans le garde-manger du football », où il racontait un voyage à Tumaco. Voici ses mots :

« Ici, à Tumaco, les gens pensent que le centre sera la prochaine fierté du football colombien. Selon eux, l'enfant est l'héritier des seigneurs qui ont rendu le quartier célèbre. Un petit aura un jour le démarrage foudroyant du "Tigre" Castillo, le sens du but d'Eladio Vazquez, la magie de la "bicyclette" Estrada, le tir mortel de Leider Preciado, le génie de Willington Ortiz. »

La brise qui vient de la mer attise toutes ces braises. Les danseurs restent enroulés dans un tourbillon de fumée qui pique les yeux. Ils crient, soulèvent de la terre avec leurs pieds. L'air est désormais une pâte informe imprégnée de toute leur agitation. J'ai prévenu mon guide, le professeur Clemente Cuellar, que je veux voir Secundino jouer au football pour juger s'il est vraiment aussi fort qu'on le dit.

"Tu n'as pas déjà remarqué comme il danse bien ?", me répond Cuellar, l'air sarcastique. »

Danser. Et faire danser.

Si le môme danse bien, il jouera bien. C'est la conclusion de Cuellar. Que l'enfant sache bien danser est un indice important.

« Et comment danse Edwin ? »

Jairo, le père d'Edwin répond, décontenancé : « Comment il danse ? Bah, c'est un enfant… Je ne l'ai jamais vu danser. Mais sur un terrain, il fait danser tout le monde. »

Edwin est timide et rit nerveusement. Il a de grands yeux, les dents du bonheur et des ongles longs. À côté de ses partenaires, il semble tout petit. Il fait des petits sauts, tout le temps, pour s'échauffer. Peut-être parce qu'ici, il n'y a pas de temps à perdre. À 18 ans, vous êtes déjà considéré comme trop vieux.

« Je veux être footballeur. C'est ça que je veux faire.

– Et qu'est ce que tu aimerais faire avec ton premier salaire ?

– J'aimerais offrir une maison à ma maman. »

Avant de partir, le père d'Erwin me donne le numéro du manager du club. Il me dit qu'en cas d'offre concrète, je dois aussi parler avec lui.

Je rentre alors dans le centre de Cali, le numéro inscrit dans mon carnet. Comme tous les jours de l'année, il fait très chaud. Le trajet de trente minutes me permet de vérifier que les embouteillages, le bruit des voitures et la publicité avec des footballeurs sont les mêmes que dans n'importe grande ville d'Amérique du Sud. L'une des chansons de salsa les plus célèbres de Colombie dit que « les femmes de Cali sont comme les fleurs » et cette théorie se vérifie facilement pendant le trajet. Des fleurs sensuelles qui déambulent dans la rue à n'importe quelle heure.

On note aussi que l'héritage doré du cartel de Cali est toujours là, avec ses maisons gigantesques aujourd'hui désertées. Cette époque de violence ramène aussi à l'un des plus grands souvenirs footballistiques des habitants de Cali. Si l'Atlético Nacional remporta la Copa Libertadores en plein boom du cartel de Medellin, l'América Cali des frères Rodriguez Orejuela atteignit la finale trois années de suite, de 1985 à 87. Il s'inclina les trois fois – contre Argentinos Juniors, River Plate et Peñarol – mais cela représente encore aujourd'hui la plus grande période de son histoire.

Pour les fanatiques de football à Cali, les premiers jours de 2007 furent surprenants. Les gens se doutaient que les meilleures années de Cali étaient liées au trafic de drogue mais une émission allait finir par lever tous les doutes. Fernando Rodriguez Mondragon, fils d'un des plus gros bonnets de la drogue, déclara à la Radio Caracol que le cartel de Cali avait payé en partie le contrat de l'entraîneur argentin Carlos Bilardo qui avait dirigé, à la fin des années 70, le Deportivo Cali puis, au début des années 80, la sélection de Colombie, en course pour la qualification pour le Mondial 1982 en Espagne.

Les révélations de Rodriguez Mondragon n'allaient pas s'arrêter là. Selon lui, à la fin des années 70, quand Diego Maradona commença à devenir la plus grande promesse du football latino, les narcotrafiquants lui offrirent 3 millions de dollars pour un contrat de six mois. Rodriguez Mondragon affirma aussi que le cartel de Cali avait corrompu la sélection du Pérou pour aider l'Argentine à remporter le Mondial 1978 [2].

2. L'Argentine battit le Pérou 6–0 lors du second tour, pour son troisième et dernier match dans le groupe B. Il lui fallait s'imposer par plus de quatre buts d'écart pour atteindre la finale (qu'elle remporta 3–1, après prolongation, contre les Pays–Bas).

Chapitre 11

Le représentant de Dieu

« Bienvenue chez moi ! », me dit Guillermo Coppola à peine la porte de l'ascenseur ouverte. L'appartement est grand et décoré dans un style très années 90. Il occupe tout le 10ᵉ étage d'un immeuble de l'avenue Libertador, la plus chère de Buenos Aires. À travers la fenêtre, on voit le fleuve Rio de la Plata et les lumières de quelques bateaux en train de naviguer.

Guillermo Coppola devint célèbre quand il commença à représenter Diego Maradona, qu'il suivit dans les bons comme dans les très mauvais moments. Il vécut à Cuba pendant 4 ans, quand son joueur suivait une cure de désintoxication à la drogue. Il me dit qu'il n'a rien à cacher et me le confirme avec les bras grand ouverts, comme s'il se trouvait face à un détecteur de métaux à l'aéroport.

Il me montre son intérieur qui regorge de photos et de cadres en argent. Il me montre son célèbre vase où, selon la légende, il cachait la drogue qui lui valut de passer une année en prison, quand il était toujours le représentant du footballeur le plus médiatique de l'histoire.

Avant de venir, je lui ai dit que je voulais acheter un joueur. Je lui ai expliqué que j'en avais repéré quelques-uns et que je voulais apprendre de lui, de son expérience. Il est ravi. Il marche avec un téléphone dans chaque main. Celui dans la main droite est rouge. Il ne parle pas, il hurle. Il me montre une photo de sa fille cadette, celle qui a 4 ans, fruit de sa relation avec sa nouvelle femme. « Vous savez qu'elle est plus jeune que ma fille aînée ? », dit-il en rigolant.

On s'assoit dans un salon lumineux qui ressemble à un plateau de télévision. Coppola dit qu'il a confiance, que l'on peut parler de tout, que le monde du football est merveilleux, qu'il a travaillé avec le plus grand, Diego Armando Maradona, et qu'il aime bien aider ceux qui débutent maintenant.

Alors qu'il parle, il bouge grossièrement les bras comme le ferait un mauvais acteur. Toutes ses paroles sont grandiloquentes. Il magnifie tout, même si c'est pour parler du climat de Buenos Aires ou de la veste qu'il n'a pas eu le temps d'aller chercher au pressing. Je suis l'unique spectateur de son monologue en cette soirée de jeudi.

« Vous avez vu mon film ? » Il démarre fort. Si l'on se demande qui a inventé la profession d'avocat, il faut remonter à la Rome antique, d'après ce que l'on dit. Et le métier d'agent ? Les gens vous répondent tout de suite : « Guillermo Coppola ». « On m'appelle même "Sa Majesté Coppola". Pas parce que j'ai créée le métier d'agent, parce que je l'ai structuré. Je l'ai magnifié. On a écrit un livre et on a aussi fait un film sur moi : Le représentant de Dieu. Les gens me saluent avec respect dans la rue. Dans le monde du football, il y a beaucoup d'agents célèbres. Jorge Mendes par exemple, celui qui a Cristiano Ronaldo, José Mourinho… Mais sa tête, personne ne la connaît. Pourquoi ? Ce que je veux dire, c'est que personne ne passe incognito quand il marche avec Diego. C'est une chance d'être célèbre et moi, j'ai eu cette chance. J'ai travaillé avec le plus grand. Tout le monde voulait poser avec nous en photo. Mais je vais vous dire un truc : avant d'être avec Diego, j'étais déjà connu. Je gérais 200 joueurs. Avec Diego, j'ai pris une dimension mondiale. Avec ce que tu peux imaginer. Les fêtes, les femmes, le glamour… Mais il y a beaucoup de fantasmes sur la relation entre le joueur et l'agent. Moi, j'ai eu le plus grand. Et à chaque fois qu'on a voulu m'emmerder avec la drogue, Diego a eu les couilles de dire : "Moi, j'ai arrêté la drogue en 1983 et j'ai connu Guillermo en 1985. Alors, arrêtez de délirer avec lui."

Diego est venu me voir en prison plusieurs fois. Il est même venu un 31 décembre pour passer le réveillon du Nouvel an avec moi. Vous voyez ce que je veux dire ? Jamais je n'ai couru après un joueur. Et j'en avais 200. Même Maradona, je ne lui ai pas tourné autour. C'est Maradona qui est venu me chercher, deux fois. J'ai dit à Diego : "Tu bosses déjà avec Jorge (Cysterpiller)." J'avais tout le football dans mes mains, tout le foot sauf Diego. Le seul truc que voulait Diego, c'était que je bosse exclusivement pour lui. Il me voulait pour lui tout seul. Et tu sais quoi ? Ce sont mes joueurs, les 200, qui m'ont dit : "Vas-y, Guillermo, fonce, pars avec Maradona."

C'est comme ça que l'on a commencé à collaborer ensemble. J'ai quitté tous mes joueurs pour travailler avec Diego. Et après Diego, j'ai tout arrêté. J'étais arrivé au sommet. Je n'ai pas lâché le football, je travaille actuellement dans une agence de marketing sportif. Mais je ne représenterai plus jamais un joueur. Ce serait descendre d'un échelon. Entre

Diego et moi, ça a été le grand amour. Et comme dans toutes les séparations avec un amour fort, réel, il vous reste quelque chose. Qu'est-ce qu'on a pu entendre sur nous alors que nous n'avons jamais rien fait ! Fausses signatures, commissions occultes et j'en passe… Jamais personne n'a porté plainte contre moi. C'est moi qui ai porté plainte contre moi-même ! J'ai dit : "Diego a des doutes, enquêtez sur moi." C'est comme ça que tout a commencé. On est allé devant le juge. On s'est retrouvé ensemble au tribunal, Diego et moi. J'ai voulu lui serrer la main et il m'a répondu : "Quoi ? Tu me tends la main ?" Et moi, en entendant ça, je l'ai embrassé. Et tout s'est arrêté après. »

Pas facile d'interrompre Guillermo Coppola. Parfois, il se tourne vers la fenêtre, tandis qu'un bateau traverse le fleuve. Et en regardant ainsi, à l'infini, il dit qu'« aujourd'hui, les gosses sont terribles », et les parents aussi, eux qui cherchent un agent alors que leur enfant est encore un môme. Ça lui paraît être une folie. Et il se prend son crâne chauve a deux mains.

« Je vais acheter un enfant, un jeune de moins de 12 ans, et j'ai besoin de conseils, Guillermo. Par exemple, je fais comment avec la famille ?

– Il faut toujours laisser un espace à la famille. Moi, je laissais toujours la porte ouverte, même avec Diego. C'était ma politique. Don Diego et Dona Tota étaient des gens bien mais des parents compliqués. Et aujourd'hui, les parents sont encore plus compliqués.

– Et quelles relations faut-il avoir avec l'entraîneur?

– L'entraîneur, c'est l'entraîneur. N'oubliez jamais cela. Certains pensent qu'il faut payer pour que le gamin joue. Mais non, mon cher ami… Si vous devez payer, c'est que le môme est mauvais.

– Certains disent que le plus important est l'intégration, que l'enfant soit bien avec les leaders de l'équipe. Ça fait partie du management, Guillermo ?

– Ça, oui. Mais attention à ce que vous allez dire au garçon. Sa réaction va dépendre de son caractère. Vous devez lui dire qu'il faut beaucoup travailler, qu'il doit écouter les conseils de son coach et qu'ainsi, il jouera. Autre chose. "Tu peux m'avoir un essai à Boca Juniors ?" Il va vite vous demander cela. Moi, je prends mon téléphone et en cinq minutes, votre enfant aura son essai. À Boca Juniors, à River Plate, où vous voulez. Mais c'est sur le terrain qu'il faudra prouver qu'il est bon.

– Vous pouvez facilement m'obtenir des essais ?

– Oui. Vous voulez qu'il passe un essai à Boca ? Pas de problèmes. Prenez ma carte, envoyez-moi un mail et on boucle l'affaire.

– Au niveau de l'achat, je fais quoi avec les journalistes ? Votre conseil serait de beaucoup parler du joueur, afin que le petit prenne de la valeur ? Je sais que ça se fait beaucoup…

– Ça peut aider. Si vous connaissez un bon journaliste sportif, demandez-lui de faire un article et après, offrez-lui un cadeau. Mais si le gamin est bon, vous n'aurez besoin de rien. Chaque aide est précieuse mais si le jeune est nul, il restera nul. Un bon joueur y arrivera toujours. »

À l'époque dorée de la photographie, il y a 100 ans, le critique allemand Walter Benjamin disait que l'analphabète du futur ne serait pas celui qui ne saurait pas lire mais celui qui ne saurait pas regarder les photos. Un siècle plus tard, on peut dire que l'analphabète du futur est celui qui ne comprend pas comment fonctionne le marché du football. Et dans ce domaine, Guillermo Coppola est un philosophe.

Coppola raconte qu'il a toujours aimé la nuit et les fêtes. Quand il parle de nuits et de fêtes, il ouvre les bras et ajoute d'autres terminaisons : femmes, champagne, amis, codes.

De toutes les fêtes qu'il a connues, il y en a une qui est au-dessus du lot. Ce jour-là, il n'avait pas touché le ciel. Il avait marché sur le ciel.

« C'était à Monte-Carlo. Imaginez un peu. Rainier, Caroline et Stéphanie de Monaco, Catherine

Deneuve. Ils étaient tous là ! Je ne savais même plus où regarder. J'ai pris Catherine Deneuve dans mes bras et je suis tombé amoureux d'elle. Je te parle de l'année 1988. On arrive avec Diego et à cette époque, Diego était au top. Partout où nous allions, les gens ne respiraient plus. C'est pour ça que je suis si reconnaissant envers Diego. C'était une autre époque. Un autre monde. Un autre football. Aujourd'hui, les enfants de 14 ans ont déjà des agents. C'est incroyable. À mon époque, c'était différent. Il n'y avait pas cette chasse au joueur comme aujourd'hui. Ça, c'est la globalisation du monde qui l'a permis. Si vous ne prenez pas un joueur, un autre va le prendre. C'est ce qui se passe. Si vous ne prenez pas tel joueur, un autre va vous le piquer et ciao.

– En tant que Guillermo Coppola, comme représentant de Dieu, que me conseillez-vous pour bien orienter le joueur, afin qu'il puisse réussir et rapporter de l'argent ?

– Il faut du caractère. Lui faire comprendre ça. Qu'il ait foi en ce qu'il fait. L'attitude. Mais l'attitude en général, hein ! Même dans la vie. S'il ne réussit pas dans le foot, qu'il poursuive son chemin quand même. Qu'il sache affronter les situations. Ça, c'est essentiel pour un joueur. Pour votre enfant… Qu'il s'amuse. Qu'il apprenne. Qu'il s'entraîne. Un bon entraînement, de la vitesse, une bonne alimentation, qu'il joue. Mais toujours la tête haute. Qu'il regarde toujours devant lui, quoi qu'il arrive. »

Chapitre 12

La télévision

Les enfants footballeurs ont connu leur premier reality show en 2002 à Buenos Aires. Sortir de la pauvreté en jouant au ballon, aider la famille et les amis à quitter le quartier, s'imposer dans une grande équipe européenne et devenir une vraie star : le scénario était trop tentant pour résister à la téléréalité. C'était l'idée du show. Sélectionner parmi une foule de prétendants le joueur qui, quelques semaines plus tard, ferait le grand saut : devenir une star du Real Madrid.

L'enjeu était spécialement tentant pour l'Argentine, un pays en pleine crise politique et économique, un pays qui avait connu cinq présidents en quelques semaines et où le mot « Récession » se faisait davantage entendre chaque jour. Faire de l'argent rapidement. Faire du cash. Pour s'en tirer.

Le jour de la sélection des participants, l'avenue Libertador et la rue Dorrego, dans le quartier de Palermo, étaient bouchées, pleines de parents et d'enfants footballeurs. Quelques familles passèrent la nuit là pour être sûres que l'enfant serait inscrit. Il y avait plus de 12 000 candidats. Le terrain Argentino de Polo était presque trop petit pour accueillir tout le monde.

« L'un d'entre vous sera la star du futur », annonça Mario Pergolini, animateur du programme et patron de Cuatro Cabezas, la boîte de production qui pilotait le projet. Canal 13 diffusait le show en direct dans tout le pays. L'animateur déambulait sur le terrain, passant entre les joueurs de 14 à 19 ans, ceux qui rêvaient tant de quitter leur quartier et de signer un contrat pro. D'être une icône publicitaire. Et, pourquoi pas, d'avoir un bolide et une copine top model, d'accorder des interviews, de faire la fête, de marquer des buts, encore et toujours, avec le Real Madrid et la sélection argentine, de disputer et de gagner une Coupe du monde, de revenir en héros à l'aéroport d'Ezeiza, d'où il serait dur de sortir à cause des gens qui les acclameraient. Puis passer par l'Obélisque, lever la main pour toucher le ciel, toucher le ciel facilement car ils seraient alors au-dessus de l'Olympe. Et connaître la gloire. Se remémorer tous les souvenirs du quartier. Ce père qui est aujourd'hui au ciel. Ce père qui ne cessa de croire en moi. Ce père qui m'avait amené ce jour-là à ce programme de télé-réalité, Le chemin de la gloire. Là où tout a commencé.

Les téléspectateurs pensaient aussi la même chose, eux qui chaque lundi, à 23h, sur Canal 13, suivaient les péripéties, les qualifications et les éliminations des participants au programme.

Le casting commença à midi. Comme il y avait beaucoup de participants, on les divisa en groupes de 12, selon le poste et l'âge. Chaque joueur avait 15 minutes pour montrer sa dextérité avec le ballon et, selon sa position, sa capacité à tirer, tacler, dribbler et courir. Seuls 2 500 candidats passèrent le 1er tour. Puis un autre écrémage eut lieu. Seuls 400 purent poursuivre leur rêve. Et ainsi de suite, toutes les semaines, jusqu'à ce qu'il ne reste que 19 jeunes. Une équipe complète plus le banc des remplaçants, pour ainsi dire. À la fin, il ne resta plus que deux joueurs.

Sur les écrans de télévision du pays apparurent deux têtes nerveuses, celles de Santiago Fernandez et Aimar Centeno, les deux finalistes. Un chèque, une voiture et un voyage à Madrid pour faire un test au Real attendaient le vainqueur. Le finaliste malheureux ne repartirait pas sans rien : la production annonça que ses droits avaient été achetés par l'entrepreneur argentin Gustavo Mascardo (qui allait être inculpé pour fraude quelques années plus tard).

La télévision accompagnait en direct les familles des deux adolescents. Le jury vérifia une dernière fois ses notes. La tension était à son maximum. Le vainqueur du Chemin de la gloire, le jeune talent qui allait partir en Europe, la star du futur, allait être enfin désigné. Après d'interminables secondes, le présentateur sortit le nom de l'enveloppe. Et ce fut Aimar Centeno.

Aimar était né à Augustin Roca, un village de 1 000 habitants de la province de Buenos Aires. Il avait 16 ans quand il gagna le concours. La première chose qu'il fit, une fois le prix en poche, fut de retourner dans son village, où on l'accueillit en héros. Les autorités locales le firent voyager sur un bus à impériale pour recevoir les vivas de la foule. Aimar répondit par de petits gestes de la main. Cet enfant avait commencé à jouer au club Origone d'Agustin Roca. Puis il alla à Sarmiento de Junin avant de signer, plus tard, à Renato Cesarini, à Rosario, la ville où il partit vivre à 15 ans, loin de ses frères et de son père. Et encore plus loin de sa mère qui, quelques années plus tôt, était partie de la maison. La romance d'un enfant footballeur.

Aimar jouait bien et sauta plusieurs catégories d'âge. Il avait faim de réussir et devint vite populaire. Il voulait « arriver » et s'inscrivit au concours du Chemin de la gloire. Il avait toutes les qualités et remporta ce concours. Aimar était extrêmement timide. Il avait du mal à répondre à tout l'amour de son village. Mais ce jour-là, il garda la main bien haut, tel un vainqueur. Bientôt, ce serait le voyage à Madrid puis la gloire. La télé-réalité s'était enfin transformée en quelque chose de réel. Ça, c'est ce que tout le monde croyait. Jusqu'à ce qu'arrive le moment de partir en Espagne.

Aimar Centeno portait des habits de sport et comme toujours, il gardait le silence pendant que les autres parlaient. Les autres, en l'occurrence, étaient son père, le producteur et un cameraman. Tout ce qui allait arriver à Madrid serait enregistré pour la dernière du Chemin de la gloire.

C'est la première fois qu'il montait dans un avion. Un avion de la compagnie Aerolinas Argentinas rempli d'Argentins qui, à la différence d'Aimar, n'allaient pas passer un test dans une équipe de football mais partaient en Espagne pour chercher du travail. En 2002, une blague en Argentine disait que la seule manière de sortir de la crise était d'aller à l'aéroport d'Ezeiza.

Dix ans ont passé depuis ce voyage. Mariano Feijoo, producteur de Cuatro Cabezas, vit désormais à Sao Paulo, au Brésil, et travaille toujours pour la même société, qui s'appelle désormais Eyeworks-Cuatro Cabezas.

« Il y avait une attente démesurée. Ce gamin avait gagné un concours en Argentine, un vivier de footballeurs, pour aller au Real Madrid. Mais pour être franc, je ne suis pas sûr que le môme croyait vraiment en ce qu'il faisait. Il était beaucoup plus réaliste que nous, son père et moi. Il me disait : "Je n'ai pas été accepté à Argentinos Juniors et je vais aller au Real Madrid ?" Il savait qu'il avait déjà 16 ans et que ça allait être compliqué. »

Le jour suivant son arrivée à Madrid, il s'est rendu directement aux installations du Real. Tout le monde est passé par le musée. Aimar a regardé les nombreuses Coupes, écoutant religieusement le guide. Puis ils sont allés sur la pelouse du stade Santiago Bernabeu où Emilio Butragueno les attendait. Aimar et Butragueno ont discuté quelques minutes au centre du terrain, écrasés par le silence des tribunes vides. Puis ils sont partis visiter le centre d'entraînement, là où s'entraînaient les joueurs de l'équipe première. Le programme Chemin de la gloire était retransmis sur Real Madrid TV. Le Brésilien Ronaldo reconnut Aimar et l'enlaça chaleureusement. Zinédine Zidane, Raul, Luis Figo et les Argentins Esteban Cambiasso et Santiago Solari lui tendirent la main pour le saluer. Vicente Del Bosque, l'entraîneur, lui fit une tape amicale sur l'épaule et lui souhaita bonne chance pour le test.

Grâce à la télévision, Aimar était là. Grâce à la télévision, les idoles galactiques du Real Madrid le connaissaient, lui, l'enfant d'une province argentine dont le rêve était de devenir footballeur professionnel au sein d'une équipe européenne légendaire.

Aimar commençait à aimer les installations de l'équipe merengue. Il allait jouer son futur ici. Son père l'encouragea et rigola avec lui quand il enfila le maillot du Real Madrid. Le cameraman enregistrait chaque seconde. L'entraînement avec l'équipe de jeunes du Real commença tranquillement. Aimar courait avec les autres joueurs. En peu de temps, il se sentit plus à l'aise qu'il ne l'aurait imaginé au départ.

L'entraîneur siffla et organisa les équipes pour faire un match. La grande première d'Aimar. Le casting de 12 000 jeunes était bien loin. L'heure était venue de jouer et de montrer ce qu'il valait.

Aimar était heureux.

Aimar portait le maillot du Real Madrid avec le numéro 8 dans le dos.

Aimar voulait montrer qu'il n'était pas là par hasard.

Aimar vit le ballon arriver jusqu'à lui.

Aimar ne voulait pas rater.

Aimar tira avec tout son cœur pour réussir son premier centre.

Aimar donna tout ce qu'il avait.

Aimar sentit tout de suite que quelque chose avait lâché.

Le ballon était toujours en jeu mais il s'arrêta pour faire quelques étirements. Après trois sauts à cloche-pied pour tester sa jambe, il comprit qu'il ne pouvait pas continuer le match.

« Ça a été un sale moment, raconte le producteur. J'étais gêné car on enregistrait la dernière de l'émission. Je me disais : "On ne va rien dire." Mais tout le monde avait vu. »

Aimar passa une semaine de plus dans la capitale espagnole. Il continua de s'entraîner avec le Real Madrid tout en étant blessé. La presse l'interviewait. Il se rendit à une émission de Telemadrid avec Fernando Torres qui reçut son maillot au cours du programme.

Après cet entraînement fatidique, le producteur resta une semaine de plus à Madrid puis revint à Buenos Aires. Jamais plus il n'entendit parler d'Aimar.

Aimar rentra au pays en silence et fit un test à River Plate. Il fut retenu mais quelques mois plus tard, il dut quitter le club. Sa condition physique n'était pas satisfaisante. Il revint dans son village. Peu de temps après, Rosario Central l'appela. Il joua un peu mais fut rapidement écarté.

Aimar s'en alla au Teodelina Football Club, une équipe modeste du championnat de Venado Tuerto, où il gagna un peu d'argent. Puis il signa pour l'équipe de son village, Origone d'Agustin Roca. En 2010, le village s'est retrouvé une nouvelle fois dans la rue, pas pour le célébrer lui mais pour célébrer toute son équipe : elle avait gagné la finale du championnat local 2-0.

Aujourd'hui, à 30 ans, il a passé plus de temps sur le banc des remplaçants que sur le terrain. Il joue attaquant mais aussi au milieu du terrain et en défense. Il ne rêve plus de devenir ce grand footballeur qui allait sortir sa famille de la misère. Il a maintenant un fils et son avenir le préoccupe. Pour le nourrir, il travaille tous les jours comme vendeur de limonade.

Chapitre 13

La réalité

Travailler avec la réalité peut être un grand exercice de fiction. Les limites, c'est connu, sont facilement repoussées. Bien souvent, le résultat affecte une vérité qui, sans la recherche initiale, n'existerait même pas. Dans le journalisme cash, cette contradiction n'est pas seulement une constante, c'est la matière première de ce projet. Acheter un joueur de football pour témoigner du commerce des jeunes, ce n'est pas une grande fiction ? Chercher de jeunes talents dans le sport à travers un programme de télévision, ça ne devient pas un grand mensonge, au final ?

Parfois, dans mes projets d'achat de joueur, j'ai pensé inscrire un jeune à un programme de télévision. L'accompagner au casting, le conseiller, lui montrer comment bouger devant la caméra. J'aurais même pu lui conseiller un bon coiffeur. Julio Pan, l'autoproclamé « coiffeur des stars du foot », me l'a certifié un jour dans son salon : « Une bonne coupe peut augmenter le prix d'un joueur. »

Le salon de Julio Pan se trouve dans le quartier de Villa Crespo, à Buenos Aires. À l'intérieur, on dirait un mini-musée dédié au football avec ses maillots, ses photos et ses autographes de joueurs connus. Parmi les clients de Julio Pan, on compte Walter Samuel, Leandro Gracian, Ernesto Farias, Carlos Bilardo et Javier Castrilli.

Julio Pan a plusieurs boucles d'oreille, il est tatoué au bras et se revendique également psychologue pour footballeurs, même si la majorité de ses clients sont des gens du quartier qui profitent d'une coupe de cheveux pour regarder l'un des matches qui passent sur les écrans du salon.

En 2010, le programme Football Cracks commença en Espagne. Dans ce show, il s'agissait de trouver des joueurs de plus de 16 ans à fort potentiel pour en faire des stars. Les juges étaient Zinédine Zidane et Enzo Francescoli. L'émission était sponsorisée par la banque BBVA. Le vainqueur de la première édition devait entamer la présaison avec le Benfica Lisbonne, club légendaire de la Première division portugaise. Le vainqueur de la seconde édition, lui, ferait plusieurs semaines de test avec le Real Madrid Castilla, la réserve de l'équipe première du Real. En 2010, le vainqueur fut l'Espagnol Ivan Ruiz Pecino. Après un passage rapide au Benfica, il retourna chercher un club en Espagne. Aujourd'hui, il est remplaçant au Real Avila, club de Quatrième division.

En 2011, le vainqueur fut le Mexicain Diego Israel Martinez Monroy. Il effectua trois semaines de tests avec le Castilla, la réserve du Real, avant qu'on lui dise qu'il était préférable, pour lui, de rentrer au Mexique. Aujourd'hui, il joue dans les équipes de jeunes de Cruz Azul.

Le spectacle qui consiste à forcer la réalité jusqu'à la transformer en fiction ne s'est pas arrêté là. En 2012, la marque Nike a annoncé le lancement du projet Chance, le plus ambitieux à ce jour dans la quête de jeunes prodiges. « Une armée de dénicheurs de talents va visiter cinquante pays pour trouver cent champions en puissance. Es-tu prêt à tenter ta chance ? » L'annonce de Nike se voulait puissante. La marque au « swoosh » avait le soutien de Pep Guardiola et du FC Barcelone, partenaire de cette pépinière géante qui devait accueillir des joueurs mineurs. Aucune autre équipe que le Barça n'a « industrialisé » de manière aussi efficace la recherche d'enfants. Et aucune équipe n'a vendu autant d'espoirs, dans le monde entier, que le Barça.

L'histoire des enfants footballeurs ne peut pas être réelle tant que le héros n'est pas réel. Cette contradiction accompagne ma chasse. Cette contradiction est la partie sombre de cette recherche. Et je ne suis pas seul. Alors que je continue de chercher le héros de ce livre, je continue de recevoir des nouvelles d'enfants « chassés » par les grands clubs. Généralement, ces informations apparaissent dans les pages « Sports » ou « Faits divers » des journaux. Jamais dans les pages judiciaires.

Il y a peu, j'ai appris l'histoire de Lily Lawson, une jeune fille de 8 ans signée par le club anglais des Blackburn Rovers. L'idée des dirigeants était de la faire évoluer avec l'équipe masculine des moins de 20 ans. Sur les vidéos, on voyait que Lily était une bonne joueuse. Une future grande joueuse. Elle était rapide, puissante, adroite. Elle venait de marquer 60 buts en 14 matches avec son ancien club, le Cleckheaton FC, dans le nord de l'Angleterre. Les Rovers étaient persuadés que Lily Lawson allait devenir la première femme à débuter officiellement en Premier League.

En Europe, il y a de moins en moins de talents spontanés. Tous les petits sont repérés très jeunes. C'est pour cela que les histoires comme celles de

Lily sont aussi exceptionnelles. S'il y a des buteurs qui échappent aux radars en Europe, il doit y en avoir plein en Amérique du Sud. Et la demande augmente. Logique économique des plus basiques.

Chapitre 14

Le port

Depuis Valparaiso, je téléphone à Cali, le père d'un enfant footballeur. Et j'appelle l'agent Luis Smurra, ma vieille connaissance de l'avion de Lima. Guillermo Coppola me dit, depuis Buenos Aires, d'amener le petit pour le mettre à l'essai à Boca Juniors. Le promoteur espagnol me parle de la crise, de la baisse des prix. Nous devons nous bouger rapidement car le marché est en train de chuter mais tout le monde sait que si la vente se passe bien, chacun touchera quelque chose. Peut-être pas grand-chose mais quelque chose.

A Valparaiso, la cité portuaire la plus importante du Chili, le soleil illumine les collines pleines de maisons multicolores. Pablo Neruda a eu une demeure dans les environs, demeure convertie depuis en musée. Valparaiso a vu naître quantité de grands joueurs de football. Comme tous les dimanches, sur un petit terrain en terre, on joue la Liga Forjadores de Juventud, un championnat historique de la ville auquel participe le club Estrellas de Ercilla.

Ercilla vient de perdre 8-1 mais Margarita Flores ne perd pas espoir. « La semaine prochaine, nous aurons notre revanche », dit-elle aux enfants footballeurs qui repartent tête basse au vestiaire. La scène se passe à quelques encablures du terrain, dans un championnat de jeunes où quelques gloires comme David Pizarro, Reinaldo Navia et Carlos Muñoz ont marqué bien des buts dans le passé. Margarita Flores est l'entraîneur de la Serie A d'Estrellas de Ercilla. Ses enfants ont entre 10 et 12 ans.

« D'après ce que j'ai pu comprendre, je suis la seule femme entraîneur de tout Valparaiso, dit-elle avec fierté, sans donner trop d'importance à la défaite infligée par le club Marcelo Quezada. Il n'est pas seulement question de gagner des matches. Nous, on veut aussi éduquer les gamins. »

Avec l'ouverture du canal de Panama en 1914, la route des bateaux et du commerce a brusquement dévié vers Santiago. L'importance de la cité portuaire a chuté et la décadence se poursuit encore de nos jours. En 2003, la coque historique de la ville a été classée patrimoine culturel de l'humanité par l'Unesco, confirmant une chose que tout le monde savait : Valparaiso s'était converti en une pièce de musée, entretenue par l'essor des hôtels que les Américains réservent plusieurs mois en avance.

Mais les petits n'en ont cure. Ils continuent de jouer au football, courent après le ballon, veulent s'en sortir en rêvant d'attraper le train de la célébrité.

Le meilleur joueur d'Ercilla s'appelle Milo. Ses initiales sont C.L. et il est né en 2001. Quand il joue, « C.L. 01 » se comporte mal avec ses partenaires. Il insulte l'entraîneur si Margarita ne le laisse pas tirer un penalty. Il a les cheveux courts, met beaucoup de gel, porte une boucle d'oreille à gauche et son idole est Alexis Sanchez. Je dis à la présidente que « C.L. 01 » m'intéresse.

Le gamin revient sur le terrain. Encore un match à jouer, comme toutes ces fins de semaine à Ercilla. Avec parfois, dans la semaine, la maison et l'école. Car les enfants footballeurs n'arrêtent jamais de jouer. Comme dans le poème de Jorge Teillier :

Oui, je suis revenu dans le village tant de fois
Parce que le temps m'habitue à être sous son aile.

Et j'arrive toujours dans les rues joyeuses des quartiers des faubourgs
Où les enfants de mes anciens amis de classe
Jouent le même match éternel

Chapitre 15

Le milieu de terrain

Si ce livre était une équipe de football, nous serions aujourd'hui au milieu du terrain. Au beau milieu de la lutte, du travail de l'ombre, où il faut se donner à fond pour que d'autres puissent briller.

La majorité des enfants footballeurs qui « arrivent » sont des attaquants ou des milieux de terrain créatifs. Peu de clubs veulent des soutiers. De ce voyage, j'ai déjà tiré quelques conclusions dont voici un premier bilan.

1. Si un enfant est considéré comme mineur à moins de 18 ans, dans ce livre, un mineur est un enfant de moins de 16 ans, un âge où un enfant qui n'a pas déjà réussi peut se préparer à faire autre chose.

2. Il n'y a pas un âge idéal pour acheter un enfant avec l'idée de le vendre en Europe. Le héros de ce livre sera probablement un petit de 11 ans. Il y a quelques temps, acheter un joueur de 12 ans paraissait d'un autre monde. La tendance actuelle veut que l'on achète un jeune dès 10 ans. L'âge où Giovanni Rivera, du Yucatan, reçut une invitation pour quitter le Mexique et intégrer le centre d'entraînement de Barcelone.

Giovanni, connu comme « Choby », a été détecté par le Barça à travers un système différent des reality shows et des écoles de football.

Le club proposait à qui le souhaitait de participer à un stage d'été. Le père de « Choby » fut mis au courant par des amis, qui l'incitèrent à inscrire son fils. Il fallait juste remplir un formulaire par Internet, envoyer une vidéo montrant quelques actions et attendre. Quand on l'appela, la famille n'en crut pas ses oreilles. À seulement 10 ans, Giovanni venait de donner la plus grande joie de sa vie à son papa.

3. Un jeune de 12 ans qui joue dans un club amateur d'Amérique latine a un prix de départ inférieur à 200 dollars. Si le jeune est inscrit dans une équipe fédérale, le chiffre peut aller de 700 à 1 000 dollars. À partir de 13 ou 14 ans, le prix peut être multiplié par cinq ou six. Quand on parle de business peu rentable, c'est qu'il est probable que le jeune ne joue jamais en Premiere division et que l'investissement soit perdu. Un enfant de 12 ans qui se détache des autres peut être vendu à un club européen pour 5 000 dollars, bien qu'officiellement, il soit « invité à s'entraîner » (ou alors c'est un « échange entre écoles de football »). Un enfant de 10 ans qui est supérieur aux autres travaille généralement avec un agent avant ses 11 ans. L'agent touchera un pourcentage à la vente si les conditions satisfont la famille et le jeune. Les grands clubs préfèrent acheter des enfants quand ils ne doivent pas payer de droits de formation à leur club d'origine.

4. Que le football soit une énorme industrie n'est pas une chose que l'on va découvrir dans ce livre. Ceux qui payent pour voir un match à la télévision ou qui sont bombardés de publicité montrant des footballeurs le savent très bien.

Pour écrire cette première partie du récit, j'ai souvent demandé à un parent si son fils était à vendre, combien, ou s'il avait déjà été vendu à quelqu'un. On m'a souvent demandé comment je me sentais en posant ce genre de questions. Aucun parent ne me l'a jamais reproché. Dans le fond, c'est pour eux un business comme un autre. Du moment que chacun y trouve son compte…

Je ne voudrais pas que les lecteurs diabolisent le commerce de jeunes footballeurs avec une vision simpliste et manichéenne. Ce livre n'est pas une chasse aux sorcières ni la traque d'une mafia. Il raconte simplement la réalité au quotidien. Ces joueurs que nous admirons tous les week-ends ne sont pas nés vedettes. Ils ont tous une histoire et une origine et ils ont tous suivi un chemin qu'il faut respecter et apprécier chaque fois qu'ils marquent un but.

5. Il serait injuste de montrer du doigt les parents de ces enfants footballeurs, qui vivraient leur rêve par procuration à travers les enfants. Ce serait injuste car cette situation se reproduit chaque fois que l'on a des parents et des enfants. J'ai vu des mamans lever les bras et remercier le ciel parce que leur enfant de 5 ans avait été admis dans une bonne école. Cette bonne école, traditionnelle, était celle qui offrait les meilleures chances pour le futur. J'ai aussi vu des parents qui m'ont interdit de parler à leur enfant s'il ne passait pas, d'abord, l'examen d'entrée au collège.

Cette histoire est une histoire sans fin. Les parents d'enfants footballeurs ne pressent pas plus leurs enfants que les autres parents. Même si les premiers peuvent rapidement devenir plus riches que les seconds.

Chapitre 16

L'anniversaire

La fête est en train de battre son plein. Certains dansent, d'autres sont en pleine conversation. Les serveurs n'arrêtent pas de passer entre les convives, les plateaux pleins de coupes de champagne. Les invités rient et discutent tandis que la musique électro résonne dans tout l'appartement, situé tout en haut d'un des quartiers les plus chics de Santiago. Nous sommes lundi et une cinquantaine de personnes est en train de fêter un anniversaire. La vue sur Santiago depuis l'appartement est imprenable. Pour y accéder, on doit passer un premier contrôle, typique des quartiers privés, puis un second pour enfin entrer dans l'immeuble. Une vraie forteresse moderne pour que les fils de riches et les enfants footballeurs qui ont percé se sentent à l'abri. Un édifice pour millionnaires que se payent les footballeurs latino-américains une fois dans les grands clubs européens.

Dans l'immeuble vit Ivan Zamorano, le seul footballeur chilien ayant remporté le titre de meilleur buteur du championnat espagnol.

« J'aime beaucoup votre projet. On va faire des affaires », me lance l'un des invités. Il veut acheter des enfants. « Pourquoi ne ferait-on pas une opération ensemble ? Vous paraissez connaître votre sujet », enchaîne-t-il en levant son verre pour trinquer.

Mon interlocuteur est un jeune chef d'entreprise de Santiago qui, à 35 ans, a déjà réussi : après avoir produit une bière artisanale et su l'exploiter à merveille à grands coups de marketing, il a profité de ses contacts pour vendre la majorité des parts à une multinationale. Il a gardé un pourcentage si l'entreprise venait à croître encore. Le but était de faire du cash rapidement, de se débarrasser du business et de passer à un autre. Une stratégie que l'on retrouve beaucoup dans le football.

« La semaine prochaine, j'espère boucler l'achat de mon joueur », lui dis-je en sachant que j'ai un candidat en tête mais que l'opération est loin d'être faite.

C'est la première fois que je parle avec autant d'aisance. Mon compagnon de soirée se met à sourire, l'air visiblement satisfait. Le fait d'acheter un joueur commence à me donner une certaine aura. Et réveille une curiosité malsaine.

« Vraiment ?

– Oui, tout est bouclé.

– Faisons une opération ensemble. Je parle sérieusement. L'autre jour, je me suis rapproché d'un club. Plein d'enfants. Ces petits brigands sont bons au foot. Vous voulez acheter un enfant pour votre livre mais moi, je vous propose d'entrer dans le business pour de bon. On peut en acheter plein... »

Il me raconte, enthousiaste, qu'il y a quelques années, il s'est acheté un cheval avec quelques amis. Ils lui avaient attribué un vétérinaire personnel et ils allaient le voir courir en compétition. C'était un amusement entre amis mais il finit par me dire que l'amusement s'arrêta vite. Plus précisément, au moment où ils perdirent beaucoup d'argent. Acheter des enfants footballeurs est, pour lui, un autre amusement, différent mais tout aussi excitant. Il veut amener ses amis dans l'affaire. Je lui répète que tout ça est conçu pour un livre, que je ne veux pas monter une opération visant à mener un cheptel d'enfants en Europe. Cependant, cette dernière phrase semble réveiller quelque chose en lui. Il me dit que « bien sûr, nous devons faire une usine à footballeurs. Ils le font tous. » Dans le jargon latino-américain, « tous » ne veut pas dire « tout le monde ». « Tous », c'est l'élite. Des amis du collège et de l'université qui, ensemble, forment un groupe de pouvoir qui devient « le monde ». « Tous », en réalité, ne sont pas nombreux. Cette élite exporte ou veut exporter des enfants footballeurs. « Tous » s'amusent avec le football.

« Je vous le dis sérieusement. Si vous allez l'acheter cette semaine, j'aimerais que vous me racontiez comment vous avez fait. Ça m'intéresse. J'ai déjà des amis dans le football. Avec les sociétés anonymes, certains ont même acheté des clubs.

– Pour vendre des joueurs ?

– Exactement. »

Et le jeune entrepreneur revient à la charge.

« Vous allez l'acheter cette semaine ?

– Oui.

– Et combien cela va-t-il vous coûter ? Comment se sont passées les négociations ?

– Ça va, ne me demandez pas que je vous raconte le livre. »

Selon la FIFA et le Transfer Matching System, en 2012, le marché a enregistré des transactions pour un montant de plus de 3 milliards de dollars. Les 200 associations qui font partie de la FIFA, 5 000 clubs environ, ont utilisé le système officiel pour réaliser plus de 11 500 transferts internationaux.

Le rapport inclut des statistiques et des données intéressantes. Quelques-unes vont surprendre les fans de football. Par exemple, seuls 10% des opérations bouclées l'an passé correspondent à des accords permanents entre clubs. Ce qui montre que la quasi-totalité des joueurs signés n'avait de contrat avec aucun club. Aucun.

Avant de quitter la soirée, il revient me parler.

« J'achèterai votre bouquin. Mais je vais vous appeler car le sujet m'intéresse. Je veux en être. J'ai besoin de conseils. »

Je lui réponds que le livre sera le meilleur des conseils. Il rit à nouveau.

Chapitre 17

Le trafic

Ceux qui aiment le football, ceux qui connaissent les montants d'achat et de vente de joueurs, ceux qui gagnent d'immenses fortunes accumulées grâce aux transferts, ceux qui entretiennent si bien ce monde financier, ceux qui cherchent à faire de l'argent avec la mode et les tendances, tous ceux-là, mon histoire d'achat d'un mineur les enchante. Il y a celui qui raconte que lui et ses amis ont vu un petit et qu'ils veulent l'acheter comme un pari sur le futur. Et il y a l'autre qui a un ami qui a acheté quelques Brésiliens à bas prix. Il y a celui qui vit en Espagne et qui a envoyé ses petits-neveux d'Équateur faire un essai au Real Madrid et il y a celui qui insiste pour qu'on le mette dans le deal, expliquant qu'il doit en faire partie, même si sa participation est mineure.

Si la presse parle des triomphes et des gros transferts réalisés par des agents bien organisés, il y a une sous-traitance, en Amérique du Sud, où les transferts sont réalisés de manière plus amateur, presque comme un amusement. Comme pour ce jeune entrepreneur et ses amis, qui s'étaient acheté un cheval, qui allaient à l'hippodrome et qui veulent maintenant s'associer pour acheter un petit joueur. Un phénomène qui va en s'amplifiant tandis que j'écris ce livre et qui se sera encore amplifié quand vous le lirez.

Quelques-uns pensent que le fait d'acheter des enfants footballeurs pour les vendre, c'est du même ressort que l'enlèvement de mineurs ou le trafic de personnes. Ça les choque et ça leur paraît cruel. Ils ne se gênent pas pour vous le dire quand vous leur racontez des anecdotes.

Selon les chiffres officiels, le trafic d'enfants progresse. L'organisation internationale des migrations, l'OIM, a déclaré avoir géré 2 040 cas en 2011 contre 1 565 en 2008. Une augmentation de 27%. L'OIM décrit comme « mineurs » ceux qui n'ont pas encore 18 ans. Ils sont généralement victimes d'abus, sexuels et autres, à cause de la pauvreté et de l'analphabétisme.

La traite et le trafic sont un crime. Selon la convention des Nations-Unies contre la criminalité transnationale organisée signée à Palerme en 2000, bien que les termes « traite d'êtres humains » et « trafic d'immigrants » soient utilisés de la même manière, ils ne veulent pas dire la même chose. Le but de la traite est l'exploitation de la personne. Le trafic a pour objectif l'entrée illégale d'immigrants. Dans le cas de la traite, il n'est pas nécessaire que les victimes traversent les frontières pour que le crime soit constitué, alors qu'il le faut pour le trafic.

Toutes les études montrent que les enfants sont les proies les plus vulnérables. La traite des enfants peut se faire de manière interne, dans un seul et même pays, ou passer les frontières en utilisant plus de moyens, comme un vrai trafic. Un petit que l'on amène en Italie à 11 ans, sans sa famille et avec le passeport dans les mains de son agent, pourrait être considéré comme victime de traite et de trafic de mineurs.

Le jour où, dans la ville de Rosario, Lionel Messi fêta ses sept mois, Leandro Depetris vint au monde dans la même province de Santa Fe, dans la ville de Rafaela. Onze ans plus tard, alors que Messi continuait de jouer dans les catégories de jeunes des Newell's Old Boys, Depetris était signé par l'AC

Milan, en Italie. Il allait devenir le nouveau Diego Maradona, c'était écrit.

Dans une interview parue dans le journal argentin Clarin, Depetris se souvenait : « Quand je suis venu en Italie pour la première fois, j'étais encore tout petit. Entre 11 et 13 ans, j'ai fait beaucoup d'allers-retours. Tous les deux ou trois mois, je voyageais pour disputer des tournois avec les catégories inférieures de l'AC Milan. J'ai passé deux ans comme ça. À 13 ans, j'ai décidé de revenir à River Plate et j'y ai passé trois années géniales. J'étais logé au centre. À River, j'ai connu les trois plus belles années de ma vie. »

Leandro Depetris retourna en Italie à 16 ans. Il signa à Brescia, un club connu pour sa propension à engager des enfants footballeurs. Pendant toutes ces années, il vécut seul. Sa famille l'attendait à Santa Fe. Depetris pouvait aller la voir à Noël et pendant les vacances de juin, quand il avait quinze jours de libres. Pas plus.

En Italie, le sujet des enfants joueurs n'est pas récent. C'est un débat ancien. Pour beaucoup, le 11 novembre 1999 est considéré comme une date historique. Ce jour-là, pour la première fois, le problème des enfants footballeurs signés par les clubs fut abordé au Sénat. Sur proposition des Verts, un projet de loi voulait interdire les transferts de joueurs extra-communautaires en dessous de 16 ans.

Cette mesure était liée à un fait précis, qui était survenu peu de temps avant. Une liste de plus de 5 000 enfants étrangers, surtout des Africains et des Sud-Américains, appartenant à des clubs italiens avait été rendue publique. L'histoire avait pris une tournure sociale. Beaucoup d'entre eux terminaient dans la rue ou comme esclaves après avoir échoué dans leur quête de gloire. Le quotidien La Repubblica avait publié une interview de Luigi Falasconi, dirigeant de l'équipe de Sansepolcro, près d'Arezzo, en Toscane. Falasconi racontait l'histoire de Dungani Fusini, un enfant de 14 ans qui était arrivé à Arezzo en avril 1999.

« C'était un enfant heureux. Ils lui avaient promis qu'il intégrerait une école. Il y aurait une compensation financière pour la famille et il aurait la possibilité de jouer dans une équipe professionnelle. Que des mensonges. Quand les choses se sont gâtées, Dungani a quitté le village et il a commencé à vagabonder dans toute l'Italie. Seul, sans aucune aide. Il n'est pas le premier. Ça s'est passé avec d'autres, des enfants esclaves, des Marocains, des Albanais. J'ai perdu le contact avec Dungani en septembre. Je ne sais pas s'il est vivant. Il est peut-être rentré dans son pays. Il est peut être toujours clandestin. Je ne sais pas. »

L'histoire de Dungani Fusini devint le symbole, en Europe, du trafic de mineurs venus de pays pauvres.

L'initiative des Verts était accompagnée de plaintes édifiantes. 57% des enfants qui jouaient au football étaient des mineurs de moins de 12 ans. 1 360 jeunes n'avaient même pas 10 ans et 146 avaient entre 6 et 8 ans. Le scandale se propagea à travers tout le pays. La grande partie de ces enfants partait ensuite travailler à la cueillette des tomates ou devait laver les voitures. Ou voler des portefeuilles dans les rues.

« Tout cela doit s'arrêter », entendit-on à l'unisson ce jour historique de 1999.

Un mois après le débat, l'AC Milan signait un jeune Argentin de 11 ans appelé Leandro Depetris. En 2008, après quatre années loin de sa famille et sans avoir pu exploser comme joueur, Depetris retourna jouer en Argentine, pour l'Independiente de Avellenada. En 2010, il fut invité à s'entraîner avec les moins de 21 ans en Italie. Il évolua ensuite dans le petit club de Chioggia. En 2011, à 20 ans, il signa dans un club de son village natal, une équipe amateur appelée Independiente de Sunchales.

L'Italie est aussi une destination possible pour l'enfant footballeur que je cherche. Si mon promoteur est basé en Espagne, on m'a donné il y a peu le contact d'un ancien joueur chilien qui amène de jeunes talents dans le Calcio. Je dois l'appeler dans quelques jours. Son club partenaire est Brescia. La même entité où jouait Depetris quand il était encore considéré comme le nouveau Diego Maradona et rêvait d'une glorieuse carrière.

Chapitre 18

El Comandante

Quand les enfants rentrent sur le terrain, leurs parents, leurs frères et leurs amis crient : « Vamos, Che Guevara ! Vamos, Che Carajo ! Hasta la victoria, siempre ! » Les enfants saluent avant de commencer leur échauffement. Ils sont fiers de porter, collé sur leur poitrine, sur ce maillot rouge, le visage d' « El Comandante », l'homme qui mena la révolution cubaine, et de jouer comme titulaires au Club Social, Atletico et Deportivo Ernesto Che Guevara.

Comme toutes les fins de semaine, le match se transforme en un camp militaire. Les parents organisent un repas communautaire. Les mamans coupent les tomates et le fromage pendant que les jeunes de différentes catégories courent après le ballon pour dribbler un adversaire et adresser un bon centre à un partenaire qui pourra tirer au but, marquer puis fêter ça avec eux.

Le public n'est pas très nombreux mais bruyant. Les spectateurs ont un grand drapeau avec la tête d'Ernesto Guevara. À la radio, on passe l'hymne « Hasta siempre, Comandante ». Il est possible que de ce terrain, parmi tous ces petits guevaristes, sorte la future grande star du football sud-américain. Plus important encore, et c'est l'idée de la présidente du club, devront sortir les prochains leaders des barricades, les agents du changement social de ces zones pauvres de la ville de Jesus Maria. Avant les étoiles, ils disent, ici, que c'est l'Homme nouveau qui doit sortir du club. Un projet beaucoup plus ambitieux que celui de former des stars du football.

Jesus Maria est situé dans la province de Cordoba, en Argentine, à cinquante kilomètres au nord de Cordoba, la capitale. Pour rejoindre Jesus Maria, il faut prendre la route nationale 9 et laisser derrière soi les camions, les camionnettes, les autos et les motos qui traversent la plaine, près de la pampa.

Jesus Maria est connu dans le reste du pays pour son festival national de domptage de chevaux. Des hommes tentent de monter des chevaux sauvages le plus longtemps possible, serrant fort avec les genoux l'animal pour ne pas tomber, s'accrochant encore plus fort avec les mains pour ne pas terminer au sol avec quelques os brisés.

Dans l'un des quartiers résidentiels de Jesus Maria, on trouve la maison de Monica Nielsen, la présidente du Club Social, Atletico et Deportivo Che Guevara, fondé le 14 décembre 2006. Monica me reçoit avec un maté et nous commandons deux bières rapidement.

« Je vous le dis tout de suite. Nous n'allons pas sacrifier un enfant pour faire vivre 200 autres. Nous n'allons pas échanger un joueur contre de l'argent. »

Elle attaque directement dès que je lui raconte le projet du livre et les voyages que j'ai faits à travers toute l'Amérique du Sud à la recherche de la nouvelle star. Et elle ajoute : « Nous sommes contre tout ce qui corrompt le football. Nous portons le nom d'un homme célèbre. Je ne peux pas faire du business avec les enfants. »

La présidente du club Che Guevara sait que les temps à venir ne seront pas faciles. Qu'elle recevra des attaques venues de toutes parts. Aujourd'hui, le club compte plus de 120 joueurs, dans sept catégories différentes. « Tout est gratuit », me fait-elle remarquer. Personne ne paie quoi que ce soit. Monica me dit que c'est sa juste cause. Je la trouve heureuse de tout ce qu'elle fait. On a invité son club à jouer à l'étranger et beaucoup cherchent à imiter son modèle. Elle sait parfaitement qu'une bonne saison fera beaucoup pour son combat. Mais elle sait aussi que, au moins dans son club, le plus important n'est pas de gagner.

« En premier lieu, nous sommes un club social. L'enfant sait que celui qui entre au club Che Guevara pourra aller dans un autre. Nous le laisserons libre. Les portes sont ouvertes. Ici, personne n'est retenu contre son gré. Nous jouons contre des clubs qui ont la mainmise sur les enfants. Nous sommes très audacieux, affrontant des équipes qui ont un pouvoir économique supérieur au nôtre. Des équipes qui font des affaires avec les joueurs, qui touchent des droits et qui vendent les enfants, à River Plate ou à Boca Juniors. Les gens considèrent comme normal le fait qu'un enfant s'en aille, que sa famille touche de l'argent, que le petit soit au centre d'un commerce. Comme s'il était un produit de plus dans la société consumériste dans laquelle nous vivons. »

Joaquin Rojas veut être footballeur et toutes les fins de semaine, il entre sur le terrain avec le maillot d'Ernesto Che Guevara. Joaquin a 6 ans et il joue depuis sa cinquième année. Il est du quartier Gëemes, un endroit misérable où la pâte de base de la cocaïne, appelée « paco », se vend à tous les coins de rue. Joaquin a obligé son père et ses frères à l'accompagner au club Che Guevara car en dépit de son jeune âge, il était sûr de vouloir jouer au football. Il y a des clubs qui achètent des joueurs de 6 ans à peine car ils voient en eux un gros potentiel. Avec son œil de chasseuse de talents politiques, Monica dit que Joaquin est déjà un leader social à son âge.

Dans son ordinateur, il y a des photos de matches joués sous un beau soleil ou sous un ciel couvert. Des photos de petits tout heureux d'avoir marqué un but, en train de saluer l'arbitre ou en train de poser pour la photo d'équipe. Il y a aussi des photos de petits qui défilent dans le centre-ville avec le maillot et les drapeaux du club Che Guevara, avec cette légende écrite dessus : « Hasta la victoria, siempre.[1] » Une véritable petite armée de guevaristes qui marchent devant les autorités de Jesus Maria.

« C'est la première fois que le drapeau du Che a défilé devant une tribune officielle en Argentine. Un autre triomphe du Che ! »

Le club prévoit, à terme, de créer une ligue de footballeurs où l'argent ne commandera pas tout. Des buteurs libres gagneront des titres sans recevoir un salaire démesuré. Il y a aussi un projet d'œuvres

1. *Jusqu'à la victoire, toujours.*

sociales : ils aimeraient créer une université populaire. Il y a aussi des objectifs à court terme. L'un d'eux est d'avoir son propre terrain de football. Pour y parvenir, les idées ne manquent pas.

« Si le futur intendant n'entend pas la demande des joueurs et de leurs parents d'avoir un espace pour construire le terrain, il y aura des problèmes. Je vous le dis, il y aura vraiment des problèmes. Nous voulons seulement un peu de place. Et dans le cas contraire, nous causerons des dégâts. Nous couperons des routes. Nous n'avons pas de terrain et ces enfants en ont besoin. Joaquin, Ivan et tous ces petits, qui sont plus que des footballeurs, veulent rester là car ils savent qu'ils seront les acteurs d'un avenir nouveau. »

Chapitre 19

La présidente

« Oui, c'est moi, le père d'Edwin. » La conversation avec Jairo, depuis Cali, dure à peine quelques minutes. Il me dit qu'il ne peut avancer aucun chiffre car le club où évolue son fils a mis son veto. En intégrant l'école de football, Edwin a signé un papier dans lequel il disait céder ses droits. Et les propriétaires du club semblent avoir beaucoup de projets pour Edwin.

Jairo paraît content en m'apprenant la nouvelle. Comme s'il voulait me remercier de m'être intéressé à son fils, car sa valeur avait augmenté. « Avant tout, assure-toi qu'il n'a signé avec personne », m'avait-on prévenu plusieurs fois. C'était décidément un conseil avisé.

J'ai pensé abandonner le projet à de nombreuses reprises. Tout plaquer dans ma chasse à l'enfant footballeur. Après avoir parlé au père d'Edwin, cette idée m'est revenue. Dans cette industrie, tout paraît écrit d'avance. En plus des questions administratives qui, comme chacun sait, sont difficiles quand on connaît ce marché, voici l'autre problème : devoir donner de l'argent aux parents. Bien qu'il s'agisse d'un livre, mettre de l'argent au milieu mène invariablement à un jeu macabre : vous n'avez pas le moral quand on ne veut pas vous vendre un joueur. Et vous n'avez pas le moral quand on veut vous le vendre.

L'une des choses qui m'ont le plus aidé quand j'ai acheté un terrain pour ma première enquête de journalisme cash, c'est d'avoir un partenaire. Quelqu'un qui connaissait son milieu et qui comprenait qu'au-delà de l'écriture d'un livre, je voulais décrire un monde. Juan Jorajuria, l'homme qui m'a vendu la vache, fut un homme important dans ce processus.

Je téléphone à Margarita Flores, le coach de l'équipe première et présidente du club Deportivo Estrellas d'Ercilla. Plusieurs semaines ont passé depuis notre première rencontre. La semaine, Margarita lave les maillots des enfants, organise les activités du club et aide parfois au restaurant familial. C'est elle qui va devenir ma partenaire et qui va m'aider à boucler cette aventure.

Je lui rappelle notre première rencontre, lui dit que le livre avance et lui demande si elle pourrait me vendre les droits de certains joueurs de son club.

« Cela vaut… Par exemple, en tant que présidente du club, je vais te demander 60 000 pesos. J'aurai toujours le dernier mot. Si je ne veux pas vendre, il faudra négocier. »

Je lui réponds que j'ai besoin de son aide. Qu'en plus des droits de l'enfant, je veux qu'elle m'assiste, qu'elle me donne des pistes, qu'elle fasse partie de mon projet, afin que tout ceci montre la dérive à laquelle sont condamnés nombre de clubs amateurs à cause des chasseurs de têtes, ceux qui en veulent toujours plus.

« Je veux acheter un joueur de votre club, Margarita.

– Vous voulez qui ? »

Sa question est d'une incroyable légèreté. Je lui réponds de la même manière.

« Je veux Milo.

– Ahhh… Milito. D'accord, il faudra parler avec son grand-père. Milo vit avec lui. Je devrais y aller moi même pour lui expliquer.

– Ne lui dites pas pour le livre. Mais établissez

vite le contact, s'il vous plaît. Je veux aller vite dans la négociation.

– Comptez sur moi. Je vous rappelle. »

Il y a deux raisons pour lesquelles les clubs se battent pour avoir les meilleurs jeunes : la pression des agents, qui veulent placer les petits dans les grandes entités du pays pour les vendre plus cher après, et le travail des dirigeants de ces mêmes entités, qui peuvent offrir des choses que des institutions plus petites ne peuvent pas se permettre d'offrir. Par exemple, un travail pour les parents. Ou de l'argent, pour les parents aussi, en échange d'un pourcentage sur les droits de leur enfant.

Dans le football sud-américain, on ne se bat plus pour gagner des titres mais pour vendre le plus de joueurs. En Argentine, les transferts représentent 35% des revenus des clubs. Plus que les droits télévisés ou les entrées au stade.

Chapitre 20

La passion

Le football en Amérique du Sud représente, bien sûr, plus que de l'argent. Plus aussi que les transferts, les managers et les agents, les commissions, les faux passeports, les pauvres qui deviennent riches et qui volent, après, les pauvres. Il s'agit d'une vraie passion, d'une charge émotionnelle, d'une folie, d'un rêve, d'un cri, d'un but. D'un putain de but.

Le football en Amérique latine est très important. Pas seulement pour ses enjeux politiques, sa passion qui transcende les peuples, comme ce conflit de cent heures entre le Salvador et le Honduras, deux pays qui se sont affrontés après un match de qualification pour le Mondial au Mexique en 1970. Cela va bien plus loin que les manipulations orchestrées par les dictatures autour de ce sport. Ou plus loin, dans le temps, que le loisir devenu industrie sur le continent le plus inégalitaire de la planète. Le football est quelque chose de sérieux, comme n'importe quelle folie.

Le rêve des enfants qui veulent devenir footballeurs consiste en quelque chose de très accessible : jouer au jeu que jouent tous les enfants du quartier, de l'école. Jouer comme le papa avant nous et le grand-père avant le papa. Le football est une identité, une langue, un héritage.

« La seule fois où j'ai vu mon mari pleurer, c'est quand Diego Maradona a marqué contre l'Angleterre »[1], a déclaré une femme dans une émission de radio diffusée dans toute l'Argentine.

L'anniversaire de la femme d'un écrivain argentin coïncida, un jour, avec un match de San Lorenzo de Almagro. « La fête fut gâchée, se souvient une amie présente ce jour-là. L'écrivain se mit à pleurer au beau milieu de la soirée car Sans Lorenzo avait perdu. »

Il y a un endroit, en Amérique latine, où le football se vit comme nulle part ailleurs dans le monde. Une ville qui devient folle. Je suis arrivé à Rosario,

1. Diego Maradona avait marqué deux fois contre l'Angleterre (2-1) en quarts de finale de la Coupe du monde 1986, au Mexique. Le premier but de la main, le deuxième au terme d'un raid d'anthologie. L'Argentine était devenue championne du monde en battant l'Allemagne 3-2 en finale.

en Argentine, à la recherche d'un enfant footballeur et je me suis retrouvé coincé dans une capitale malade de ce sport.

À Rosario, je rencontre Maria José Cardinale, une étudiante de l'Université nationale de Rosario qui m'avoue, nerveuse, qu'elle n'est jamais allée au stade.

Maria José est maigre et elle a des lèvres généreuses. Elle travaille dans un hôpital et lit des romans, même si elle n'a qu'une chose en tête maintenant : demain, elle va connaître le père de son petit ami et le lieu choisi pour une cérémonie si transcendante est le Coloso. Ils vont aller voir un match des Newell's Old Boys.

« On va me le présenter au beau milieu de fans de foot », rigole-t-elle, sans cacher sa fierté : elle sait que si un habitant de Rosario vous présente son père dans un stade plein, pendant un match de championnat, c'est que la relation est sérieuse.

Newell's fait un beau parcours cette saison. Maria José le sait parce que depuis qu'elle s'est engagée dans cette relation, elle a vu son petit ami passer par tous les états émotionnels que peut connaître un humain dans sa vie en regardant des matches. Dans ma recherche de l'enfant footballeur, je dois absolument m'arrêter au Coloso de Newell's, avec ses tribunes rouges et noires aux couleurs de l'équipe. Le

Coloso se trouve au Parc de l'Indépendance. Avec ses arbres et son lac artificiel, celui-ci est envahi par les familles et les sportifs chaque fin de semaine. Il y a quelques années, le stade a été rebaptisé du nom du héros des habitants de Rosario, Marcelo Bielsa. « El Loco » Bielsa.[2]

Grâce à Bielsa, les Rouges et Noirs ont connu leurs meilleures années. Les fans se souviennent encore d'un jour historique. Nous sommes en 1990, Rosario vient d'être sacré champion au Coloso et Bielsa est porté en triomphe. Il tient dans ses mains un maillot qu'il embrasse fougueusement, ivre de bonheur, et harangue le stade : « Niouls[3], put... ! » « Niouls, put... ! » À Rosario, ville de plus d'un million d'habitants, située à 300 kilomètres au nord-ouest de Buenos Aires, tout le monde comprend la « folie » de Bielsa.

Rosario est la ville de naissance de Che Guevara. « Le Barcelone de l'Amérique du Sud » ou « le Chicago de l'Argentine ». Une ville où la rivalité entre deux clubs, Newell's et Rosario Central, se vit dans la démesure. C'est l'une des rivalités les plus connues du football mondial. À peine a-t-on posé le pied à Rosario que cette rivalité se fait déjà sentir.

2. Entraîneur de l'Olympique de Marseille de mai 2014 à août 2015.
3. Newell's.

Le chauffeur de taxi qui m'amène à l'hôtel a une écharpe de Newell's accrochée dans sa voiture. Le réceptionniste qui m'enregistre porte un écusson de Rosario Central sur le revers de sa veste. Le barman s'est fait tatouer le sigle de Rosario Central et le vendeur de la librairie Homosapiens porte un bracelet de Newell's au poignet. Partout dans la ville, il y a des murs peints aux couleurs de l'une ou de l'autre équipe.

La grande partie des habitants de Rosario soutient Rosario Central dont les couleurs sont le jaune et le bleu. Sur la carte du football de Rosario, la première chose que l'on remarque, en réalité, est le boulevard Avellaneda, entre l'avenue Geneva et le passage Ribereño. L'endroit où se trouve le stade Docteur Lisandro de la Torre, plus connu comme « El Gigante de Arroyito ». C'est là que l'Argentine l'emporta 6-0 contre le Pérou pendant le Mondial 1978 et c'est là que Rosario Central joue ses matches à domicile. Fito Paez, musicien fanatique de Rosario Central, vient souvent voir jouer son équipe. Roberto Fontanarrosa, écrivain et dessinateur supporter de Central, ne ratait aucun match.

Cette table à quelques mètres où l'on trouve deux messieurs à moustache en train de lire le journal est la seule du salon avec des pieds peints. Cette table est la fameuse « table du jeune premier » où s'asseyait toujours « El Negro » Fontanarrosa. Ou simplement Fontanarossa, comme il aimait signer ses caricatures dans le journal Clarin. Tout se passe ici, dans ce bistrot appelé « El Cairo », à l'angle de Sarmiento et de Santa Fe, autre passage obligé dans ce Rosario du football. Un vieux bar de la ville transformé depuis en haut lieu du tourisme, avec sa statue de Fontanarrosa.

C'est jour de match ce jeudi dans « El Cairo ». Toutes les tables sont occupées : collègues de travail, groupes d'amis, familles entières, couples récents ou vieux mariés de 50 ans.

« El Negro avait l'habitude de s'asseoir ici, explique Paula Imhoff, supportrice de Rosario Central.

- Une fois, je me suis assise à cette table avec des amis et tout le monde m'a regardé bizarrement », se souvient Francisco Sanguineti, né à La Plata mais citoyen de Rosario depuis longtemps.

Francisco Sanguineti sait que je suis à la recherche d'un enfant footballeur. Il dit qu'il y en a beaucoup à Rosario. Qu'en périphérie, il y en a encore plus et que certains sont très bons. Je lui demande de me prévenir s'il en voit un prometteur.

Les tables de « El Cairo » se vident et se remplissent comme une fabrique infinie. À l'intérieur de ce café-restaurant, on trouve une petite librairie et des téléviseurs pour suivre les matches. Le plafond est haut. Derrière le bar, il y a un gigantesque mur couvert de photos et de dessins de Fontanarrosa, l'unique habitant de Rosario qui a réussi sans sortir de la ville.

Supporter fanatique de Rosario Central, Fontanarrosa raconta que l'un des jours les plus tristes de sa vie fut quand Diego Maradona signa pour les Newell's Old Boys, en 1993.

« Vous savez quel fut l'un des jours les plus tristes de ma vie à moi ?, demande Francisco Sanguineti. Quand Bielsa s'est engagé avec la sélection du Chili. »

Les supporters de Newell's ont une célébration qui pourrait s'apparenter à la folie : le 21 juin de chaque année, on fête « El Dia del Amigo Leproso » avec des danses, des récits et des poèmes. On a choisi cette date car c'est aussi l'anniversaire de Marcelo Bielsa. On reconnaît facilement un supporter de Newell's quand il parle de l'ancien entraîneur de l'OM. Il l'appelle « Mon cher loco Bielsa ».

Dans la ville de la folie du football, chaque équipe a sa propre célébration excentrique. Les supporters de Rosario Central commémorent, chaque 19 septembre, « la palomita de Aldo Poy ». L'idée est de revivre le but que « Poy » marqua en 1971 face à Newell's. Ce but permit le premier sacre de Rosario Central dans le championnat argentin. La cérémonie, qui se répète chaque année, est simple : quelqu'un fait un centre et Aldo Poy frappe de la tête, comme en cette soirée de 1971.

Il serait injuste d'oublier le stade Gabino Sosa où évolue le Club Atletico Central Cordoba, une équipe de Rosario centenaire qui évolue maintenant en Troisième division mais qui garde des supporters dans la ville. Comme ses deux prestigieux rivaux, Central Cordoba a une histoire insolite. « Nous avons eu « El Trinche », Tomas Carlovich, le meilleur joueur argentin de tous les temps. Meilleur que Maradona », me raconte un fan de Central Cordoba.

Le 17 avril 1974, Rosario accueillit un match entre une sélection des meilleurs joueurs de la ville et l'équipe nationale d'Argentine. La star, celui qui allait construire sa légende, était un joueur local, Tomas Carlovich. Un gars tout maigre et que tout le monde aimait, y compris l'ancien entraîneur de la sélection argentine, l'homme de Rosario, Cesar Luis Menotti. « Le voir jouer était fabuleux. »

Mais la légende ne fut jamais consacrée : Carlovich refusa de rejoindre la sélection argentine pour rester avec ses amis de Rosario et briller avec eux.

Aujourd'hui, des groupes sur Facebook célèbrent son style et les supporters de Central Cordoba ont toujours des drapeaux à son effigie. Dans la ville, on raconte que lorsque Maradona signa pour Newell's, un journaliste lui raconta la fierté de Rosario de compter dans ses rangs « le meilleur joueur du monde ». Ce à quoi Diego répondit : « Le meilleur joueur a déjà joué à Rosario et il s'appelle Carlovich. »

Tout le monde peut marcher le long du fleuve Panama et croiser des cargos ou de minuscules embarcations. Ou remonter par le parc Urquiza jusqu'au nord et croiser, en chemin, alors que le soleil se couche, des pêcheurs amateurs que l'on salue. Ou jouer au billard dans les cafés du centre, écouter du tango au Levante, danser dans les sous-sols du Berlin, prendre un café dans le Petit Paris, à côté du théâtre El Circulo.

Voilà la ville où Lionel Messi veut jouer à la fin de sa carrière.

Le premier message que m'a envoyé Francisco Sanguineti concernant la recherche d'un enfant footballeur disait : « J'avais oublié de vous dire, je suis en train de donner des cours dans l'un des quartiers pauvres de la ville et il y a deux enfants tobas[4] qui jouent très bien au football. Ils ont 13 ans. Ils sont appelés « Neymar » pour leur style de jeu. Le problème, c'est qu'ils jouent déjà en club et

4. Les Tobas sont un peuple originaire d'Argentine. La majorité d'entre eux vit dans la misère de Rosario.

je sais que l'un d'entre eux a déjà un agent. Je vous dis ça au cas où ça vous intéresserait. »

Je lui réponds : « Ça m'intéresse. Bien sûr. Ça m'intéresse beaucoup. Ils ont déjà cédé leurs droits à quelqu'un ? Ils sont rapides ? Comment est leur famille ? Ils ont du caractère ? Ils n'ont pas peur des filles ? »

Chapitre 21

Le cabaret

Un ami éditeur m'écrit pour me raconter l'histoire d'un enfant péruvien qui joue bien au football et qui peut peut-être m'intéresser.

Une ancienne petite amie me raconte que son cousin, qui a moins de 10 ans, va commencer à s'entraîner à San Marcos de Arica et qu'il est hyper doué.

Une journaliste sportive avec qui j'ai travaillé m'explique que dans son quartier, il y a un petit qui joue merveilleusement bien au football, qui est rapide et qui a une frappe de balle impressionnante. Seulement, son futur est bouché à cause de ses parents, deux trafiquants de drogue. Elle m'explique que personne ne parle aux trafiquants dans le quartier, encore moins si c'est pour acheter l'un de leurs enfants. Ces gens-là ne sont pas sociables. Ils ne sont que respectés.

J'ai un contact qui regarde tout ce qui se passe dans les banlieues de Montevideo, là où on suppose qu'émergeront les plus belles promesses du football uruguayen.

Et depuis Rosario, Francisco Sanguineti m'envoie ce message. « L'un joue à Tiro Federal et l'autre à Argentino de Rosario. Ce sont deux clubs de Rosario qui viennent après Newell's et Central. Leurs familles sont très pauvres. Je ne sais pas précisément ce qu'ils font mais je crois que les parents travaillent dans le bâtiment. Je les ai salués. Ils sont un peu courts sur patte mais leurs mains sont épaisses et rugueuses. Ils sont encore un peu jeunes pour vraiment cerner leur caractère. Au début, ils ont un peu de mal à s'ouvrir mais après, ils veulent tout savoir sur toi. Et d'après ce que l'on m'a dit, ils aiment déjà beaucoup les filles. »

Je réponds à Francisco.

« Vous pouvez vérifier s'ils n'ont pas déjà signé quelque chose ? Et me donner leur âge exact ? Vous pouvez demander s'ils ont un agent et si un club les a déjà démarchés ? Ce que vous me dites sur la fin me plaît bien. Pour me décrire un futur bon joueur, Guillermo Coppola insistait sur la façon dont il parlait aux femmes. Avec du caractère ? Comme un gagneur ? Selon lui, ça dit beaucoup de choses sur un footballeur. »

Je suis dans le quartier de Palerme de Buenos Aires et nous sommes mardi soir. Je suis devant le Crocodile Club. Les premières marches gravies et les premières filles en bikini croisées, on devine que le football n'est pas très loin. À côté de la barre des strip-teaseuses, il y a une photo de Diego Maradona posant avec le patron des lieux. Dans un coin du club, un ancien international argentin, désormais commentateur pour la télévision, est en train de parler avec une blonde en minijupe et talons brillants. Au Crocodile Club, il y a une petite scène, deux barres pour les danses érotiques et une cinquantaine de filles qui déambulent dans les couloirs, vous embrassant à la première rencontre. Elles viennent vous voir, vous parlent à l'oreille, vous prennent la main et vous invitent à vous asseoir. Et vous montrant leur décolleté, elles vous disent : « Tu ne veux pas inviter ces deux petites collines à boire un verre ? » Toujours sans vous lâcher la main. Elles vous parlent et vous sourient, ou vous sourient et vous parlent. Parmi les clients, on peut imaginer qu'untel est peut-être lié au football. Agent, ami de star, ancien footballeur ou future grande vedette. Ce soir, c'est soir de spectacle. Au plus fort de cette expression dramatique, deux jeunes filles vont s'embrasser. On dit que c'est le clou du spectacle, la spécialité de la maison et que ce numéro, le boxeur Mike Tyson et l'ex-président américain Bill Clinton n'en ont pas perdu une miette.

« Tu ne veux pas m'inviter à boire un verre ? » La jeune femme qui me parle porte un jean moulant et une version XXS du maillot de la sélection argentine de football. Elle se rapproche tellement que nos deux nez se heurtent. Dans le même temps, elle plante sa jambe droite entre les miennes. Belle approche.

On s'assoit dans un coin où il n'y a personne. Elle me dit qu'elle s'appelle Laura et m'effleure le sexe avec la main. Elle me dit que je peux l'appeler « Laurita » si je le veux tout en commençant à me toucher. Elle me dit qu'elle étouffe et ouvre son maillot pour que je voie tout, sauf sa poitrine.

Elle demande une coupe de champagne car elle va « mourir de chaud » et me donne un baiser dans le cou. Elle prétend avoir 21 ans - assénés à ma face de quarantenaire - tout en levant le bras pour que le serveur lui apporte sa coupe.

« Il y a beaucoup de footballeurs qui viennent ?

– Tu es aussi dans le monde du football ?, répond-elle, visiblement heureuse.

– Oui, c'est mon travail. » Je lui réponds avec

plus d'aplomb que je ne l'espérais. Plus de fierté aussi que toutes les fois où je l'ai dit.

« Écoute, la dernière fois, j'étais avec Maradona. Tu connais Maradona ? »

Mais évidemment que je connais Maradona ! Je ris un bon coup et lui demande si elle parle sérieusement. Elle me répond qu'un jour, Diego est passé au club, à l'époque où il était obèse. Après que « Dieguito » eut commandé une table et une bouteille, on alla la chercher. Diego la voulait. Ils ont parlé un peu, bu pendant une demi-heure et ils sont partis. Ils sont arrivés à une maison de deux étages. Dans la chambre, il y avait une télévision géante que Diego a allumée aussitôt avant de partir aux toilettes. Il est revenu comme si de rien n'était et a commencé à se déshabiller. Ce ne fut pas une bonne nuit de sexe, me raconte-t-elle, sans arrêter de me toucher.

Diego avait été très satisfait, lui. Selon elle, il l'a rappelée une fois, deux fois, trois fois… Tout d'un coup, elle me demande : « Et toi, combien de fois vas-tu m'inviter ? Ils te plaisent, ces seins que Diego a touchés ? » Et elle se met à remonter son maillot XXS de l'Albiceleste pour me montrer sa poitrine.

Chapitre 22

L'entrevue

J'appelle le promoteur en Espagne pour lui dire comment avance le projet. Le même jour, j'ai appelé pour la première fois mon contact en Italie pour placer des joueurs à Brescia. Sans dire, bien sûr, que j'avais déjà appelé son concurrent en Espagne. Et sans prévenir aucun des deux, je pense à contacter Margarita Flores, ma partenaire à Valparaiso, qui m'appelle justement le même jour. « J'ai enfin pu parler au grand père de Milo. Il paraît intéressé. »

Cet appel va précipiter les choses. Quand vous voulez acheter un enfant footballeur, il faut que le jeune soit entouré et contrôlé. J'avais la présidente du club et j'ai maintenant le grand-père. Les gamins sont les derniers à être mis au courant. Jusqu'à ce qu'ils signent leur premier contrat, ils n'ont qu'une chose en tête : devenir footballeur.

Un sondage « Que voulez-vous faire quand vous serez grand ? » a été commandé par la fondation Adecco. Sur les 1 200 enfants espagnols (entre 4 et 16 ans) interrogés, 21% voulaient être footballeurs. Chez les filles, 22% voulaient embrasser une carrière de professeur. Un enfant sur cinq veut marquer des buts chez les professionnels. En Amérique du Sud, il est probable que seul un enfant sur cinq ne veuille pas devenir footballeur professionnel.

Chercher un enfant parmi les millions de joueurs disponibles est comme chercher une aiguille dans une botte de foin. Selon le guide du parfait petit acheteur, l'art de bien acheter consiste à réaliser l'opération la tête froide et à comprendre que le prix peut seulement se négocier à la baisse.

Encore un dimanche passé à regarder des jeunes. Un tournoi de jeunes déshérités. Comme toujours, la carte postale rappelle le tiers-monde. Il y a des petits en train de courir après un ballon sur un terrain en terre. Et comme toujours, les parents en train de jouer leur vie, eux aussi. « Mais frappe, put… ! » « Tacle-le, ce merdeux! » « Fils de p… ! » « Eh, l'arbitre, tu vas siffler, sinon je m'occupe de toi ! » « Ça, c'est du vol ! » « Tricheur ! » « Mais cours, bordel ! » Etc, etc.

Jovino Uribe est le président de la Liga Forjadores de Juventud de Valparaiso. Il a un petit travail de commercial, une fille, une petite-fille et une casquette bleue posée sur ses cheveux blancs. Dans sa main, il tient les licences de l'équipe des moins de 12 ans. Des promesses qui, un jour, entrèrent dans un studio photo et s'installèrent sur une chaise collée à un fond blanc avant de poser devant un Polaroid.

« En plus de jeunes professionnels, nous avons sorti des médecins, des avocats, des militaires, m'explique Jovino. Au-delà du football, nous voulons que les jeunes ne prennent pas de drogues et ne tombent pas dans l'alcool ni la délinquance. Des agents ? Oui, on en voit plein. Toutes les semaines. Ils viennent et posent beaucoup de questions, comme vous. Ils viennent de la part de grandes équipes. Des formations chiliennes. D'autres clubs. Le plus actif, ce sont les Wanderers, qui les enrôlent très jeunes pour leurs filiales. »

Santiago Wanderers, l'équipe populaire de Valparaiso, a été fondée le 15 août 1892. C'est le club doyen du football chilien. En 2007, il a reçu le titre de « patrimoine intangible » d'une ville dont il est la fierté.

« D'après votre expérience, Jovino, quelles sont les choses dont je dois tenir compte pour éviter de voir mon enfant footballeur échouer ?

– Trois choses. La drogue, la copine et les études. Il faut faire très attention à ça. Surveillez les amis, aussi, ce sont eux qui fournissent la drogue. Les filles déconcentrent les garçons. Et les études, surtout. Il faut toujours être derrière eux. »

Je note minutieusement les trois grands dangers dans mon calepin. La drogue. La copine. Les études. Les trois sont d'importance égale.

Margarita Flores m'attend tout près des vestiaires. À ses côtés, pantacourt, boucle d'oreille au lobe droit, chaussures de football bon marché, maillot du club d'Ercilla sur les épaules, le meilleur joueur de l'équipe. Un projet à lui seul. L'enfant que je veux acheter. Je le salue et sans parler de business, je lui dis que je vais lui faire réaliser la première interview de sa vie. J'allume le dictaphone.

« Quel âge as-tu ?

– Onze ans.

– Que veux-tu faire plus tard ?

– Footballeur.

– Tu aimes jouer à quel poste ?

– Attaquant.

– Quelle est ton idole ?

– Alexis Sanchez.

– Où aimerais tu jouer ?

– Au Barça.

– Et cette boucle d'oreille ?

– C'est la même qu'Alexis, bien sûr.

– Tu as fait des essais dans des clubs ?

– Oui, j'étais aux Wanderers mais un formateur m'a empêché de jouer. Il disait que j'étais nul, que je ne faisais rien, que je marchais sur le terrain.

– Et c'est vrai ?

– Mais non… Je bougeais sur le terrain, je vous l'assure.

– Mais là, tu viens d'avoir un problème. L'entraîneur n'a pas voulu que tu tires un penalty et tu lui as crié dessus…

– C'est parce que j'avais raté un but tout fait en première mi-temps et que j'avais envie de me racheter. Margarita m'en a empêché.

– Qu'est-ce qui te plaît le plus chez les footballeurs connus ? Les voitures qu'ils peuvent s'acheter ?

– Non… Ils ont un physique impressionnant et certains sont très humbles, eux qui viennent d'un quartier pauvre.

– Tu aimes le fait qu'ils viennent de quartiers difficiles ?

– Bah oui… Si je deviens un bon footballeur et que l'on me donne de l'argent, la première chose que je ferai sera d'aider ma famille.

– Et comment feras-tu ?

– J'achèterai des choses, des cadeaux, des meubles, des chaises…

– Et des voitures ? Tu en achèteras ?

– Oui mais… pas ces bagnoles de luxe. Celles-là, je n'en veux pas. J'en prendrai une solide, qui me servira pour travailler.

– Tes droits appartiennent à qui ?

– Abelardo, un club de là-haut. Le club de mon pépé Juan.

– Avec qui vas-tu aux matches ?

– Avec mon pépé, le papa de ma maman.

– Et pas avec ton papa ?

– Non parce que pour le moment, mon grand-père est mon papa. C'est lui qui m'a élevé depuis que je suis tout petit. Mon Papa, je ne le vois jamais, comme Alexis Sanchez quand il était jeune. Mon pépé m'a élevé comme s'il était mon papa.

– Et ta maman ?

– Oui, ma maman, je la vois encore. Tous les dimanches, elle vient à la maison et m'apporte des cadeaux.

Chapitre 23

Le promoteur

Depuis le début, j'ai toujours expliqué aux protagonistes du projet qu'ils allaient apparaître dans le livre. Dans certains cas, ça m'a fermé des portes. Une semaine avant de me rendre à Madrid pour rencontrer mon contact espagnol, je décide de tout faire pour rencontrer celui qui pourrait illuminer la route d'un jeune Latino-américain désireux d'évoluer dans le football espagnol : Jorge Valdano.

Un ami colombien, directeur d'une revue et ami personnel de Valdano, pourrait être le lien. Je lui écris pour lui expliquer le projet. Le jour suivant, mon ami écrit à Valdano et me met en copie. Il me présente au début de son e-mail. À la fin, il raconte le but de mon voyage en Espagne. Mais Valdano n'accepta jamais de répondre.

« C'est un sujet un peu délicat pour lui. Personne dans le milieu n'aime parler de l'achat de mineurs », m'explique mon contact espagnol alors que nous prenons un café au Corte Inglés de la Castellana.

Mon ami, fils d'un Espagnol et d'une Équatorienne, est né à Almeria il y a 35 ans. Je l'ai connu il y a plus de dix ans, quand nous vivions dans l'ancien hôtel Cisneros de Barcelone. À cette époque, il étudiait le commerce international et allait toutes les semaines au Camp Nou. L'un de ses neveux, né à Quito et star de son quartier, voulait faire un test à la Masia, le centre de formation du Barça.

Nous avons perdu le contact quand je suis parti vivre à Buenos Aires. Quelques années plus tard, nous nous sommes retrouvés grâce à Facebook. Il m'a expliqué qu'il lui avait fallu un an pour obtenir tous les papiers nécessaires au voyage de son neveu. Il lui avait fallu remplir plusieurs demandes, obtenir un visa pour ses oncles équatoriens et payer une partie du voyage. Le petit logeait chez lui. Il fut testé une semaine par le Barça qui décida de ne pas le garder. Malgré ce premier échec, il reçut un bon nombre de propositions de clubs espagnols qui voulaient le mettre à l'essai à leur tour. Mon ami avait réussi à obtenir ce qu'il y a de plus précieux dans le monde du football : des contacts.

Le petit fut finalement engagé dans les catégories de jeunes du club d'Almeria. Il y joua deux ans, dont une dizaine de matches en tant que titulaire, avant d'abandonner le football.

« Mon neveu est finalement resté à Almeria. Il continue de jouer au football mais dans l'équipe de la société dans laquelle il travaille aujourd'hui. »

Devenu promoteur, mon ami a placé plus de dix jeunes Équatoriens en Espagne. Il me cite le Rayo Vallecano, Almeria, le Betis Séville et Levante. Sans oublier les grands clubs.

« Tout ce qu'ils disent sur les lois, le contrôle de la FIFA, la protection des mineurs…. Tout ça, ce sont des paroles en l'air. Le mois dernier, le Real Madrid a signé un gamin de 7 ans, un Argentin, et on m'a dit qu'ils avaient dû sortir pas mal de blé. »

Le promoteur sait que sa carrière commence à peine. Ou du moins, il le croit. Il a surtout compris que le plus important était de se diversifier. Sa boîte ne se limite plus à l'activité consistant à placer des mineurs venus d'Équateur dans des équipes espagnoles. Grâce à une amie serveuse, il importe des sacs de café en grain, des cigares et des boissons pour la communauté équatorienne de Madrid. Récemment, il s'est lancé dans le commerce des crevettes.

« Vous pensez que les crevettes sont un meilleur business que les enfants footballeurs ?

- En fait, je ne pense pas que les mômes soient un gros business. C'est un petit marché qui peut devenir un grand marché. C'est pour ça qu'il me faut un gros projet. »

Mon contact vit à plus d'une heure de Madrid. Il vient peu en ville et boucle tous ses dossiers sur Internet. Il s'habille simplement. Une veste en cuir, comme son agenda. Il met de la gomina dans ses cheveux et se déplace dans une vieille Audi. Il sait que j'écris un livre et qu'il va en faire partie. La première fois que je lui ai expliqué mon idée - ramener un jeune footballeur sud-américain en Espagne -, il a été enthousiasmé. La semaine suivante, je lui envoyais un exemplaire de « La vie d'une vache » et j'écrivais ceci comme dédicace : « Ce sera pareil mais avec un footballeur. »

Après l'avoir lu, il m'a encouragé dans mon projet, avec une précision : il ne voulait pas voir son nom écrit dans le livre.

La réunion dans cette cafétéria du Corte Inglés n'a rien d'un hasard. Il ne s'agit pas seulement de se revoir, de parler de nos vies et de nos futures affaires, le promoteur de mon « achat » est venu avec un objectif à court terme. Il m'invite à le suivre. Ces jours-ci, dans la capitale espagnole, se joue la

Danone Cup, un tournoi d'équipes de mineurs venus du monde entier parrainé par Zinédine Zidane et où mon promoteur dit vouloir renouer certains contacts.

La Danone Cup en est à sa douzième édition. La compétition est ouverte aux enfants âgés de 10 à 12 ans. Ils sont issus de plus de quarante pays. La pyramide est simple : tout part de quarante tournois nationaux impliquant deux millions et demi d'enfants appartenant à plus de 20 000 équipes sur les cinq continents. Le marché aux puces des chasseurs de talents.

Dans chaque championnat national, un joueur est sélectionné pour représenter son pays lors de la finale mondiale parrainée par la FIFA.

En plus de la compétition, l'évènement veut promouvoir des « valeurs qui vont bien au-delà du football comme l'humanisme, l'ouverture aux autres, l'échange et l'enthousiasme ». Ces phrases, pleines de lieux communs et aussi vides qu'un stade un lundi, semblent donner raison à Jorge Luis Borges : « Le football est populaire car la stupidité est populaire. »

Nous passons la journée à regarder des matches et j'en profite pour observer le promoteur en action. Il salue aimablement les personnes qu'il ne connaît pas et passe son temps à me dire que ce vieux-là est comme ça, que le type à lunettes là-bas travaille pour telle entreprise, que le garçon à cinq mètres de nous est le fils de tel entraîneur. Dans cet environnement de spéculations, où la cote de chaque enfant varie en fonction de ce qu'il fait sur le terrain, je lui vends mon achat.

« Je n'ai pas vu un enfant meilleur que Milo.

– Vous devez vous bouger. Il faut l'amener et commencer à travailler sur lui », me répond-il en sortant de Bernabeu.

Nous nous quittons après avoir convenu que je lui donnerais des nouvelles de l'enfant sélectionné, de sa situation familiale et de la possibilité de l'envoyer en Espagne. Bien sûr, je continuerai de suivre les autres projets, dont un au Pérou, deux enfants à Rosario et quelque chose en Colombie et en Uruguay. Dans le même temps, il avancera sur les clubs qui peuvent accueillir les enfants.

Avant de partir, il me dit :

« Eh, ne me fais pas passer pour Don King dans ton bouquin. »

Don King est le promoteur sportif le plus connu de l'histoire. Un manager de boxe qui s'est rendu célèbre grâce à ses contrats millionnaires et à sa coupe de cheveux, qui paraît toujours être en flammes. Avoir commis deux assassinats n'a en rien entravé la carrière de Don King qui a bâti sa fortune sur des noms comme Mohamed Ali, Mike Tyson et Sugar Ray Leonard. L'un de ses collaborateurs, Larry Holmes, le décrit comme quelqu'un qui « s'affiche comme un Noir, vit comme un Blanc et pense en vert ».

Il y a quelques années, j'ai croisé Don King dans un aéroport américain. Il neigeait et le promoteur de boxe le plus connu de la planète portait un manteau de fourrure noire qui touchait le sol. Il avait des gardes du corps à ses côtés, des assistants et cette coupe de cheveux électrique qui le caractérise tant. De près, Don King, qui avait près de 80 ans, faisait bien son âge, bien que hyper actif et vigoureux. On ne peut pas en dire autant de tous les boxeurs qu'il a utilisés pour construire son empire.

Le Don King du football, selon les managers, agents, observateurs et contacts que j'ai pu croiser sur cette route, le plus grand de tous s'appelle Jorge Mendes. Portugais, il est PDG de l'agence Gestifute. Mendes a un portefeuille de plus de cent joueurs valorisés à environ 800 millions de dollars. Sa principale vedette est Cristiano Ronaldo.

Suivent David Manasseh et Ertan Göksu, patrons de l'agence Stellar Football Ltd. Leurs clients sont Ashley Cole et plus de 200 autres joueurs. L'entreprise vaut près de 400 millions de dollars.

Autre personnage incontournable de ce milieu : Marcelo Cuppari, avec 105 joueurs valorisés à 300 millions de dollars. Le Croate Franjo Vranjkovic gère 74 joueurs et une fortune de 293 millions de dollars. Le Français Pierre Frelot est propriétaire de l'agence Mondial Promotion et spécialiste de jeunes joueurs africains comme Didier Drogba. Avec son agence Sem Group PLC, Jerome Anderson gère 95 clients et près de 250 millions de dollars.

Le journaliste et écrivain Daniel Titinger, qui dirige un journal à Lima et qui est au courant de mon projet, m'envoie un courrier. Le titre : « Regarde ce site. » Dans le corps de l'e-mail, ce message, bref : « Juegaenprimera.com. Je ne sais pas si vous connaissez ce site mais ça peut vous aider dans votre investigation. »

Je ne le connaissais pas. Je vais immédiatement sur la page, une sorte d'agent digital. Un robot manager. Sur la première page du site, on en apprend un peu plus. « Découvre les futurs talents du football professionnel. Des joueurs du monde entier qui vont dévoiler leurs qualités, leurs statistiques, leurs photos, leurs vidéos et tout ce dont tu as besoin pour sélectionner les futurs pros de ton équipe. »

Je prospecte. La première chose que je fais est de m'enregistrer dans la catégorie « Scouters » (dénicheurs de talents). Mon pseudonyme est « Menesscouters ».

Après avoir tout rempli, je reçois un courrier électronique avec les données de mon compte et un conseil : « Inscris-toi maintenant pour accéder à une base de données concernant des milliers de joueurs sur juegaenprimera. L'accès aux fiches des joueurs a un coût semestriel de 800 dollars, sans limite de visites. »

Peut-être que le mieux serait d'ouvrir un compte avec les données du joueur que je suis en train d'acheter. Sans avoir bouclé le contrat et anticipant sur ce qui pourrait arriver avec le grand-père de Milo, j'ouvre un compte au nom de « C.L. 01 ».

Avant d'être le gérant de juegaprimera.com, Mario Ascher Moran travaillait comme directeur des ventes dans l'agence de publicité JWT Argentina. Un an après son lancement, le site a connu une croissance de 127% avec plus de 5 000 enfants inscrits gratuitement, dont 65% d'Argentins. Les 35% restants étaient issus des autres pays d'Amérique latine ou d'Europe.

« Nous avons investi 60 000 dollars pour lancer le projet et nous nous sommes pas trompés. Nous avons misé sur notre pays et aujourd'hui, nous commençons à en récolter les fruits. Plus de 25 clubs, scouts ou chercheurs de talents nous demandent de l'aide pour recruter les futurs cracks. La plus grosse surprise a été de voir le Barça nous approcher lui aussi », expliquait Mario Ascher Moran, directeur de juegaenprimera.com, dans le quotidien « Defensa y Justicia » à Cordoba, en Argentine.

Chapitre 24

Les Brésiliens

Les fortunes accumulées par certains footballeurs sud-américains peuvent changer le visage d'un quartier. C'est arrivé, par exemple, à Barra da Tijuca, à l'ouest de Rio de Janeiro, le quartier préféré de certains grands noms. On y trouve les demeures de Ronaldinho, Romario, Rivaldo, Adriano et d'une cinquantaine d'autres cracks. Des enfants qui, d'un jour à l'autre, sont passés de promesses à célébrités mondiales.

Quand on parcourt les rues de Barra, on découvre pourquoi tant de familles ont intérêt à ce que leur fils devienne une star. Dans ce quartier, on trouve aussi des stars de la télévision, des nouveaux riches ou des magnats du tourisme. Sur place, il y a des restaurants privés, des boutiques de créateurs, des centres commerciaux pour millionnaires. Parfois, on croise des pauvres. C'est aussi ça, le Brésil.

Romario joue habituellement sur la plage de Barra mais ce matin, il n'est pas là. En revanche, il y a un match intéressant. Un tournoi de beach soccer pour enfants. Sur le sable, Pedro, la coupe afro, dompte le ballon comme s'il avait une main à la place du pied. Avec l'agilité propre aux enfants, il jongle sans que le ballon touche terre, avant de le déposer entre sa nuque et son dos. Une fille en bikini rose est en train de le filmer avec son téléphone portable tandis qu'un groupe de touristes allemands applaudit, un verre de caipirinha à la main. Pedro a déjà signé à Flamengo.

Tous les footballeurs qui vivent à Barra, dans des maisons de magazines, avec des décapotables garées devant, ne sont pas nés à Rio de Janeiro. Bien au contraire. La plupart sont nés dans d'autres régions du pays. Mais la fascination qu'exerce Rio chez les footballeurs est telle qu'entre février et mars, nombreux sont ceux qui quittent le froid européen pour aller au carnaval. Pratiquement toutes les stars au firmament de la gloire y sont allées pour partager un pas de danse. Comme si dans le cas des Brésiliens, le succès n'était pas seulement de quitter son quartier et d'évoluer dans le football européen. Ici, le succès consiste aussi à avoir une maison à Barra et à sortir faire la fête au Sambodrome[1], avec une école de samba.

Le carnaval, cette fête interminable. Comme un triomphe dans le football. Le football est un carnaval. Ils sont là, ces 100 000 corps en train de danser sous le soleil carioca[2]. Corps de cannelle, Blancs, Noirs et Jaunes dansent avenue Vieira Souto. Des corps en bikini, tanga, microkini, maillot de bain ou paréo bougent ensemble, désordonnés, sur le rythme du groupe Cordão da Bola Preta. La bière est gratuite pour hydrater les corps. Il y a des vendeurs de chapeaux et de T-shirts. Il y a même des vendeurs de perruques.

Il y a des bruits de tambour partout. Il y a aussi des policiers et leur matraque. Et des journalistes accrédités, ainsi que des caméras de plus de quarante pays. C'est le dernier dimanche avant le défilé du Sambodrome. La chaleur est étouffante, comme à chaque fois qu'il ne pleut pas. Mais la plage est à côté et la solution est vite trouvée. La fête ne s'arrête jamais. Il y a des maillots de foot partout.

« Il ne manque rien », assure, nerveusement, Mariza Furacao, de l'école de Samba Academicos

1. Avenue surmontée de gradins où se déroule le défilé des écoles de samba durant le carnaval de Rio de Janeiro.

2. « Carioca » désigne un habitant de Rio de Janeiro.

do Grande Rio, qui est venue faire un dernier test avant le grand jour. Avec ses talons aiguilles, Mariza dépasse 1,80 m. Elle porte un mini-jean cintré, des tatouages, un mini-T-shirt de son école et une longue tignasse qu'elle entretient comme si c'était sa fille.

Mariza est carioca et fière de sa ville. Elle sait que Rio vit un moment privilégié. Elle raconte qu'elle était sur la plage de Copacabana, face à un écran géant et accompagnée de milliers de gens, quand Rio et Madrid, les deux finalistes pour l'organisation des Jeux olympiques de 2016, attendaient le verdict. Elle était là aussi nerveuse. Elle était en bikini. Elle était sûre de pouvoir contrôler ses émotions mais elle éclata en sanglots quand Rio fut choisi. Sur l'écran, ils montraient Lula en train d'embrasser Pelé. Le Brésil avait obtenu la Coupe du monde 2014 de football et les Jeux olympiques 2016. Le Brésil toujours plus proche des superpuissances.

« J'espère danser le jour de l'inauguration des J.O., dit Mariza tandis que ses chaînes bougent toutes seules, suivant le rythme de samba qui résonne dans le fond.

Même si le plus important est le Mondial de football. Ainsi, dans toutes les troupes (figurants), il y a des joueurs, une Coupe du monde et des centaines d'enfants footballeurs qui veulent être des vedettes quand le Mondial se joue ici.

La ville de Samba se situe dans le secteur du chantier naval, inauguré en 2006 dans la zone portuaire de Rio. On y retrouve les ateliers des douze grandes écoles qui se produiront au carnaval. On sent que l'évènement approche : des centaines d'artisans et de techniciens s'agitent pour que tout soit prêt le jour J.

Le jour de son spectacle, Mariza, qui portera un bikini en paillettes du plus bel effet, accompagné de plumes noires et rouges, montera dans le bus à 15h et s'échauffera deux heures au Sambodrome avant de monter sur scène. Plus de cinquante danseuses de son école iront, comme elle, sur les chars. Trois mille défileront à pied.

Tous les journaux, toutes les radios, tous les sites Internet et toutes les chaînes de télévision retransmettent en direct le défilé depuis la plage ou le Sambodrome. Cette année, la polémique a tourné autour de deux sujets : la jeunesse et le succès. Les parents et leurs enfants. La petite Julia Lira doit-elle danser ou non ? Julia, 7 ans, a été élue reine du carnaval par l'une des écoles. Le scandale a été profitable à Julia. Tout Rio attend l'apparition de la petite fille.

Dans deux ans, tout le monde aura oublié Julia. La même chose est arrivée à tous ces petits enfants footballeurs que l'on a appelés « les nouveaux Pelé » et qui n'ont jamais réussi à le devenir.

Polémiques mises de côté, les médias suivent l'arrivée des stars venues passer du bon temps au carnaval. Beyoncé enregistre une vidéo vêtue comme une élève d'une école de samba. Ronaldinho est là aussi. Madonna vient d'arriver avec ses fils. Elle est l'une des invités d'honneur de la fête, à laquelle participera également Ronaldo. Paris Hilton va s'improviser DJ d'une soirée où Neymar est annoncé. Bob Sinclar mixera au Jockey Club de Rio, la version électronique du Sambodrome. Romario y est attendu. La capacité hôtelière est bien entendu saturée depuis des mois.

Plus que quelques heures à attendre avant que le roi Momo ne s'empare des clés de la ville. La folie commencera officiellement après. Ce sera le moment de bouger les corps au rythme de la samba, ses sons joyeux et ses paroles tristes. Au Sambodrome, les caméras filment pour le monde entier des chars immenses, formidablement décorés. Des centaines d'enfants vêtus d'un maillot de football défilent devant la tribune officielle.

Les jeunes Brésiliens restent les joueurs les plus courtisés. Dans le monde des enfants footballeurs, la nationalité détermine aussi le prix. Si, en théorie, tous les enfants sont égaux, un jeune buteur brésilien aura toujours plus de visibilité. Les ventes d'enfants nés au Brésil ayant connu une hausse démesurée, le ministre des Sports du Brésil, Aldo Rebelo, a annoncé en 2012 que le gouvernement allait prendre des mesures pour empêcher que certains n'engagent les petits trop facilement.

« C'est une pratique condamnable », affirma le ministre devant les correspondants de la presse étrangère lors d'une conférence de presse à Rio de Janeiro. Le ministre faisait directement allusion à certains clubs européens qui montaient des écoles de football pour finalement emmener les joueurs et leur famille dans d'autres pays.

Ce n'est pas un sujet nouveau au Brésil. Depuis 2001, la loi Pelé permettait aux joueurs d'accepter des contrats de clubs étrangers - mais seulement à leur majorité, à 18 ans - moyennant une compensation pour les équipes locales qui avaient investi sur la formation de ces promesses. Bien sûr, la loi n'empêchait pas le recrutement d'enfants qui n'étaient pas encore professionnels et que les parents acceptaient de « vendre » contre un emploi. D'où la volonté gouvernementale de modifier la loi Pelé.

En réalité, les mineurs ne peuvent pas, en principe, signer un contrat professionnel avant 16 ans.

Mais ils peuvent signer un contrat de formation à 14. Ainsi, la formation obtient officiellement une valeur d'échange.

J'écris à Luis Smurra, l'avocat et agent que j'ai rencontré dans l'avion à Lima. Nous prévoyons de nous voir quelques semaines plus tard à Buenos Aires. Mon idée est qu'il m'aide dans toutes les démarches juridiques à venir.

Depuis le Brésil, je passe aussi un coup de fil au promoteur en Espagne. Je lui parle des nouvelles mesures que le Brésil tente de mettre en place. J'explique comment elles vont changer certains aspects de la vente de joueurs latino-américains en Europe. Il me dit que rien ne va changer, qu'il y aura toujours moyen de contourner la loi. Comme s'il voulait me rassurer. Le Brésil est le second pays qui compte le plus de footballeurs à l'étranger - quelque 1 700 - derrière l'Argentine et ses 2 000 joueurs évoluant hors du pays. Beaucoup, comme Lionel Messi et Leo Depetris, sont partis à l'étranger tout en étant mineurs.

Chapitre 25

Le Carioca

Un groupe d'enfants de tailles et d'âges différents court après le ballon sur la plage de Copacabana. Le soleil est resplendissant, les touristes étrangers passent à côté des petits joueurs comme s'ils n'existaient pas. Il est probable qu'ils soient déjà habitués à ce spectacle. Peut-être font-ils comme s'ils ne les voyaient pas.

Ces enfants pauvres, sans chaussures et qui passent si près de leurs serviettes, en train de courir derrière le ballon aussi vite qu'un pickpocket, n'existent même pas. Ou peut-être ne les regardent-ils pas pour ne pas s'attacher à eux, comme on vous recommande de le faire dans ce business.

La légende du footballeur brésilien s'est nourrie d'histoires de grandes vedettes découvertes sur la plage. C'est pour ça que je regarde le match. De loin, au début. Puis plus près, à mesure que le match se déroule. Je regarde ses acteurs un par un, avançant à pas feutrés, comme un chasseur qui ne veut pas alerter sa future victime.

Il y a deux adultes en train de suivre la rencontre. L'un d'entre eux parle au téléphone. Soudain, un enfant mulâtre, aux cheveux courts et aux jambes maigres, saute au-dessus de tout le monde et envoie le ballon de la tête dans le but adverse. C'est une superbe tête, violente et précise. Le but est fantastique. Le môme garde ses bras en l'air tandis que ses jeunes compagnons viennent le congratuler. L'un des adultes continue de parler avec son portable. L'autre, qui porte le maillot de Flamengo et un maillot de bain, se met à hurler : « Très bien, Mauro ! Quel but ! »

Dans la quête d'un footballeur bon marché en Amérique latine, on apprend à regarder chaque détail. Par exemple, le fait qu'il y ait des adultes est le signe de la présence probable d'un joyau sur le terrain.

« Quel coup de tête ! Excellent ! », continue de hurler le fan de Flamengo. « C'est mon petit-neveu », dit-il fier et ambitieux.

Ce qui va se passer, je l'anticipe déjà. J'y suis habitué maintenant. Je lui demande s'il joue déjà dans un club. Il me répond en me demandant si je travaille pour une société chargée de repérer des jeunes et de les faire signer. Je lui dis que je recherche un talent prometteur que je pourrai vendre en Europe, il affirme qu'il y a beaucoup de monde intéressé. Il me propose une cigarette que je fume pendant que les enfants continuent de jouer. Le supporter de « Fla » m'explique qu'un Espagnol est venu le voir un jour mais que ça n'a débouché sur rien. Je lui demande une nouvelle fois si Mauro a signé dans un club. Il veut savoir à quoi je fais référence. Nous continuons de fumer.

Je veux savoir s'il a cédé les droits de son neveu à quelqu'un. L'autre adulte, celui qui parlait au téléphone et qui vient justement de raccrocher se rapproche de nous.

L'oncle de Mauro fait les présentations et explique que je cherche à acheter un garçon pour le vendre en Europe. L'homme me tend la main et me regarde de haut en bas. Il porte des lunettes Ray-Ban, une chemise cintrée, un jean et une paire de basket blanches.

« Mauro a un avenir brillant. On est en train d'étudier toutes les possibilités », m'annonce le type, endossant sans trembler le rôle d'agent du petit garçon.

L'oncle ne dit rien, comme s'il voulait être le témoin d'une transaction. Dans le football d'aujourd'hui, n'importe quel enfant peut se convertir en millions. Une sorte de capitalisme miracle.

« Combien vous a-t-on offert ? » Je pose la question aux deux, sachant qu'ils attendent tous les deux un miracle de ce petit Carioca.

« Vous n'allez pas le croire », dit l'homme qui s'est improvisé agent.

Je ne suis pas le seul intéressé par l'achat d'un footballeur brésilien. Ils sont les plus courtisés. Ce sont eux qui se vendent le mieux. Avant de venir ici dans l'espoir de signer un mineur, plusieurs clubs européens avaient déjà posé leurs yeux sur le Brésil. Ils disposaient d'un budget plus conséquent et d'une stratégie plus élaborée. Depuis plusieurs années, la grande majorité des clubs dans le monde a installé des écoles de football au Brésil. De véritables usines exploitant la matière première avant de la traiter et de l'exporter. Le business à la mode actuellement.

Les derniers à avoir activé le filon sont les Français, avec la création de la très ambitieuse école du Paris Saint-Germain au Brésil, inaugurée quelques jours avant le début du Mondial 2014 sous les yeux de Lucas Moura, joueur du PSG, et du chanteur Michele Telo. L'école recrute et forme des enfants de 5 à 16 ans. Une industrie française au cœur de Rio. Une industrie française de footballeurs avec Paris pour destination.

Comme toujours, dans les grands discours, deux objectifs principaux sont mis en avant. Frédéric Longuépée, directeur international de la marque PSG, le rappela fièrement le jour de l'inauguration.

Le but premier est d'installer la marque PSG aux côtés de celles, plus développées, du Real Madrid, du Barça et de Manchester et de sortir des footballeurs. L'objectif numéro 2, selon le directeur, est de transmettre des valeurs aux jeunes à travers le football.

Tout le monde applaudit le discours. Même si tout le monde sait très bien que le Paris SG, comme les autres grands clubs qui développent leurs usines à footballeurs, ne sont pas des ONG qui créent des écoles pour transmettre des valeurs.

Tous les jours de l'année, on crée une nouvelle école. Tous les grands clubs veulent de la matière première. Tous les grands clubs chassent le nouveau Lionel Messi, le nouveau Neymar, le nouveau héros. Ceux qui ont le plus avancé sont les Anglais de Chelsea qui se sont associés à l'entreprise Samsung pour signer de jeunes footballeurs brésiliens. Le club et l'entreprise de téléphonie et de téléviseurs, unis pour trouver le héros du futur.

Cela fait un moment que Manchester, Barcelone et l'AC Milan occupent le terrain. Cependant, le projet le plus médiatique et glamour a vu le jour le 22 janvier 2008 à Cabo São Roque, dans le nord du pays. Ce jour-là, au cours d'une cérémonie fastueuse grouillant de photographes et d'enfants brésiliens posant devant l'objectif, David Beckham a inauguré son propre camp de recrutement d'enfants, le « David Beckham World of Sport ».

L'école de football de l'Espanyol Barcelone est, à première vue, plus modeste. À peine deux buts et une pancarte sur la plage d'Ipanema qui dit « Escola de futebol de Areia, RCD Espanyol de Barcelona ».

Quand j'explique au responsable que je suis en train de négocier avec un petit Brésilien et que j'aimerais bien lui faire passer un essai à l'école de l'Espanyol, il me regarde silencieusement. Il me dit que le but de l'académie n'est pas de faire de l'argent avec les enfants mais de faire connaître l'institution Espanyol aux petits Brésiliens puis de les emmener à Barcelone pour découvrir la ville. Quasiment à chaque fois, ces écoles montées par les clubs européens mettent en avant la dimension sociale plutôt que la dimension économique.

Pourquoi Manchester et Chelsea montent-ils des écoles en Amérique latine ? Seulement pour aider ?

« Quel âge a l'enfant ?, me demande le responsable, maillot blanc et bleu de l'Espanyol sur les épaules.

– Il vient d'avoir 11 ans.

– Nous devrions le regarder jouer et voir quelle est sa situation. »

Quand on entre dans le football, connaître « la situation » consiste à savoir s'il est déjà suivi ou non par un autre club.

L'oncle de Mauro et son ami, l'agent improvisé, négocient le placement de l'enfant sans montrer beaucoup de professionnalisme. Par moments, on s'y perd dans les affaires familiales. On ne sait plus si le premier est réellement l'oncle, s'ils ont vraiment un lien ou s'ils sont simplement là pour se faire passer pour un parent, histoire de vendre le petit. Le processus habituel dans les signatures clandestines, qui ont augmenté en même temps que le business des mineurs.

« Cet enfant peut coûter plusieurs milliers d'euros, me dit l'agent.

– Et avec qui dois-je parler pour négocier ? J'ai toujours négocié avec les parents. Où sont-ils ? »

Mauro marque encore un but et ses jeunes partenaires courent vers lui pour l'enlacer. Une famille de touristes passe à côté sans même leur jeter un regard. Après avoir parlé quelques secondes dans un coin, les deux me disent qu'il y a déjà un club intéressé par le petit Carioca. Et le type au téléphone d'enchaîner : « Mais si vous êtes vraiment intéressé, je peux vous avoir un autre enfant de Rio, encore meilleur que Mauro. »

Chapitre 26

L'avocat

Quand on achète un jeune bœuf avec l'idée de le faire grandir (et après de le manger, de vendre ou de l'offrir), une relation se crée avec l'animal. Même si on le voit rarement, on reconnaît vite ses oreilles, la forme de ses pattes, les changements propres à son évolution.

Au fil du temps, on peut presque le reconnaître facilement au milieu d'un troupeau de vaches broutant dans la pampa. Mais quand on veut acheter un enfant footballeur pour le vendre en Espagne, l'idéal est d'en savoir peu et de conclure le deal le plus vite possible. Surtout, ne pas le voir en dehors du terrain. Éviter tout ce qui n'est pas papiers, notaire et poignée de mains. Le mieux est de ne pas le distinguer de la multitude d'enfants sud-américains qui tapent dans un ballon avec l'envie de réussir, un jour, en Europe.

Dans le monde du football, pour gagner de l'argent, il ne faut pas s'attacher aux enfants. Pourquoi ? Selon les statistiques, l'enfant acheté ne jouera jamais dans une grande équipe. Et s'attacher à un perdant, comme tout le monde le dit dans le football, est un mauvais business pour deux raisons : vous ne récupérez pas votre argent et vous devez entretenir le jeune, bien qu'il ne vous serve plus.

Dans mon cas, ne pas entretenir une relation avec l'enfant a une autre justification, liée à ma narration. La probabilité de chuter dans le pathos, de tomber dans le morbide en racontant sa pauvreté domestique, en expliquant que l'enfant dort dans une chambre pas chauffée ou qu'il a faim en attendant la réussite, tout ça peut me faire dévier de ma route. Et avec moi le lecteur, dans les tréfonds les plus vulgaires d'une chronique de la misère. Le point commun de la pauvreté, c'est que les enfants vont finalement perdre et qu'ils vont faire partie d'une majorité amorphe, anonyme et négociable.

Ce soir, les gens qui dansent sur la piste de la discothèque Esperanto de Buenos Aires forment eux aussi une marée amorphe, à peine définie par la joie collective.

Esperanto est la discothèque préférée des stars argentines qui jouent en Europe, des danseuses, des mannequins, des actrices et des vedettes qui veulent les connaître. Au carré VIP, quand les championnats européens sont terminés, on peut parfois voir 300 millions de dollars se déhancher, quatre ou cinq joueurs de la sélection en train de s'amuser en même temps. Mais au-delà du carré VIP, Esperanto est un aimant pour ceux qui veulent gagner. Pour les aspirants managers, footballeurs, pour ceux qui veulent vendre et exporter les stars du ballon rond. Le patron de l'Esperanto a aussi un business dans la vente des enfants, m'explique celui qui me sert mon whisky.

« Moi aussi, je suis dans le business », lui dis-je en criant, en cherchant des clés que je ne trouverai pas ici. Je me pose sur la piste de danse, où deux filles se frottent gaiement. Elle paraissent avoir des pastilles dessinées dans les yeux.

Maintenant que l'achat du petit se rapproche, il est temps de parler à Luis Smurra, l'avocat et agent de joueurs. Ses conseils seront vitaux pour ce qui va suivre dans le livre.

Nous nous rencontrons dans un élégant hôtel du quartier de la Recoleta, à Buenos Aires. Nous nous saluons, parlons un peu de nos vies, en nous souvenant de ce voyage à Lima, et demandons deux cafés. Sur le ton toujours réservé d'un avocat devant un micro, il m'explique : « J'ai commencé dans le monde du football presque par hasard. J'avais un ami péruvien qui est devenu agent sportif quand il a quitté son équipe. C'est lui qui m'a mis en relation avec les personnes qu'il fallait. Je faisais du droit du travail, j'avais mon cabinet. Ensuite, comme un bon joueur frustré que j'étais, j'ai plongé. J'ai joué dans les équipes de jeunes à Almagro et après à Platense, en Quatrième division. Là-bas, je me suis rendu compte que je n'étais pas assez bon et je me suis mis aux études. Je travaillais et j'étudiais. Après, j'ai joué au football de salon. Là, devant ma télé, j'étais une vedette de River Plate. J'ai toujours été lié au football. C'est ma passion. »

Luis vivait à côté du stade de River Plate, à Buenos Aires. Son père était dirigeant du club. Il a toujours été lié au football mais jamais il ne s'était intéressé à ce business, jusqu'à ce qu'apparaisse son ami gérant d'un club péruvien. Il commença à travailler pour le Sporting Cristal de Lima. Son job consistait à s'entretenir avec les joueurs et les entraîneurs. Voir s'il était possible de les vendre et de gagner quelque chose dans l'histoire. Après ces premiers contrats, beaucoup de clubs sont arrivés. Il y a eu beaucoup de contrats, beaucoup de joueurs, beaucoup d'heures d'avion, beaucoup de business, beaucoup de signatures, beaucoup de droits vendus, beaucoup de commissions et beaucoup de cafés, de petits-déjeuners et de dîners pour parler de beaucoup de transferts.

Quand nous nous sommes connus dans l'avion, Luis amenait un joueur au Sporting Cristal. Il me raconte que depuis ce jour, il l'a transféré à Temuco, au Chili. Et après au Paraguay.

Luis a eu du mal à entrer dans le milieu car il manquait de contacts. Le football est un monde de relations. « Et je suis assez mauvais pour cela », m'explique-t-il. Luis raconte qu'il faut connaître le joueur, connaître le club et, parfois, l'entraîneur, les dirigeants et les journalistes qui suivent le club. Dans ce monde, on est dépendant de l'autre. Il y a toujours un agent qui représente le joueur ou alors un intermédiaire pour boucler le deal. Il y a trop de personnes, trop de mains à serrer. Et tous attendent de recevoir quelque chose.

« Il y a beaucoup d'agents. Beaucoup veulent acheter en pensant que c'est facile. Parier sur des enfants n'est pas cher. C'est pour ça que le FC Barcelone parcourt le monde à la recherche de la perle rare. »

Il me confirme que les joueurs qui se vendent le mieux à l'étranger sont les Argentins. Si les Uruguayens sont un produit dont la cote grimpe - car ils s'adaptent à toutes les conditions et que beaucoup d'entre eux ont un passeport européen -, les Brésiliens restent supérieurs en valeur car ils affrontent la concurrence dès leur plus jeune âge. « En Argentine, les enfants savent ce que c'est de gagner ou de perdre, poursuit Luis. Là-bas, tu vois des mômes de 5 ans qui perdent un match et qui quittent le terrain en pleurant. Le fanatisme généré par le football est unique. Et il y a des lieux qui n'ont pas encore été découverts. »

Je reviens à la charge.

« Je suis décidé à acheter un enfant. Un enfant de 11 ans, qui joue très bien.

– C'est un investissement risqué.

– Je fais une bêtise ?

– Ce serait une bêtise si vous faisiez votre coup sans prendre de précautions. Il faut que l'investissement soit limité. Ce que vous pouvez faire, c'est placer le joueur dans un club, pour qu'il appartienne au club, mais vous devez avoir les papiers nécessaires pour le transférer s'il y a une opportunité. Dans le cas contraire, comment pouvez-vous faire prévaloir vos droits économiques ? Pour qu'un joueur génère de l'argent, il faut une vente. Et pour toucher un pourcentage, vous devez avoir des documents.

– Il existe des documents qui disent : “Cet enfant appartient à telle ou telle personne ?”

– Des documents qui disent “Cet enfant appartient à telle personne”, non. Mais on peut détenir les droits économiques d'un joueur et les faire fructifier en cas de vente. Si l'enfant n'appartient pas à un club, vous pouvez obtenir les droits économiques mais prenez en compte le fait que s'il signe libre dans un club, vous perdrez tout. Donc, ce que vous devez faire, c'est avoir cet instrument reconnu par le joueur et le club.

– Depuis quand les joueurs appartiennent-ils plus à des gens qu'à des clubs ?

– Le problème est que le business lié au football, principalement les transferts de joueurs, est un business d'achat et de vente d'être humains, dans le fond. Je rapporte toujours quelque chose que m'a raconté un agent de la vieille école, l'un de ceux qui étaient plus bohèmes que requins et qui continue de travailler avec les mêmes contacts qu'il y a trente ans. Il m'a dit : “Mon ami, n'oubliez pas que le gâteau du business dans le football, c'est le budget qui le constitue. Vendre, acheter un joueur, le prix du transfert, combien le joueur va gagner dans son club, à combien s'élèvera la commission, combien… C'est un business d'équilibre assez délicat. Il faut gérer l'opération à trois bandes : le club vendeur, le joueur et le club acquéreur.”

– Le joueur est le plus facile à convaincre ?

– Aujourd'hui, non. Car maintenant, le joueur va sur Internet ou vérifie les infos. Il a un ami qui est parti jouer dans tel ou tel pays, en Russie par exemple, où il a souffert. Et le joueur refuse donc d'y aller. La question que je veux vous poser est celle-là : le petit que vous avez vu et que vous voulez acheter, vous comptez l'emmener en Europe ? Vous êtes sûr de lui trouver un club ?

– Je bosse là-dessus.

– D'accord. Vous devez donc trouver le pourcentage qui convient avec le club local, quand il transférera l'enfant plus tard en Europe. Vous leur confiez le petit mais vous fixez votre pourcentage avant.

– Et ce n'est pas mieux s'il joue d'abord aux Wanderers ?

– Si vous l'amenez aux Wanderers, vous allez devoir leur céder une partie de vos droits économiques car les Wanderers vont le former, le montrer. Ils vont vous faire signer un papier qui dira qu'en cas de vente, 20% seront pour vous et 80% pour eux.

– Et ce document, un notaire peut le faire ?

– Bien sûr. On peut faire en sorte que le petit vous cède une partie de ses droits et que vous, vous les cédiez après à un club.

– En tant qu'agent et avocat, dites-moi ce qu'il ne

faut pas faire, les pièges à éviter. J'ai appris l'histoire de quatre amis qui s'étaient associés pour acheter un Brésilien qui a fini par ouvrir le feu dans la maison de l'un d'entre eux, à Santiago… Et aussi celle d'enfants colombiens qui sont allés au Pérou et qui se sont retrouvés tout seuls. Il y a beaucoup de cas comme ça. Beaucoup d'Africains…

– Si le joueur n'explose pas, s'il n'est pas bon rapidement, combien vaudra-t-il ? Zéro. S'il perce et joue en Première division, là, ça en vaut la peine. Avant, il n'a pas une grande valeur. Moi, vous savez, je suis contre tout ça. Je connais beaucoup de joueurs qui ont été abandonnés en Europe. Mais je vous le répète, vous prenez un risque financier.

– La FIFA n'avait pas interdit les transferts de mineurs ? [1]

– Oui mais les équipes engagent les parents, elles offrent un emploi. Les clubs contournent la loi. Il y a par ailleurs un argument irréfutable, la libre circulation des êtres humains dans le monde.

– Un agent comme vous peut signer combien de contrats par an ?

– Ça dépend. Il y a de bons et de mauvais mois. C'est un business qui coûte cher, en plus. Les

1. Voir Règlement FIFA du statut et du transfert des joueurs, Article 19 : « Protection des mineurs »

voyages, les repas... Vous pouvez y laisser beaucoup d'argent.

– Qui pourrait s'opposer aux transactions ? Les parents, comme dans le cas de Messi ?

– Le père qui veut s'en mêler, c'est toujours compliqué à gérer.

– Vous me conseillez donc, dans ce cas précis, de traiter avec le club et non avec l'enfant. Pas comme dans le cas de Messi où les agents ont voulu traiter avec le père plutôt qu'avec le Barça, quand il est parti en Espagne.

– Exactement, car cette relation joueur-père-agent peut s'arrêter. En plus, la norme de la FIFA veut qu'un contrat entre un agent et son client ne dépasse pas les deux ans. Avec le club, c'est permanent.

– Et si je prête le môme à Wanderers, en indiquant bien que les 50% d'une future revente seront pour moi ?

– Ça, oui, c'est possible.

– J'ai quoi comme obligations envers l'enfant ?

– Envers l'enfant ? Rien. Aucune obligation. Bon, si, vous devez assumer ce que vous avez conclu avec lui, avant qu'il ne vous cède ses droits. Contre les droits, vous pouvez par exemple proposer un salaire mensuel au père. Ou vous pouvez l'acheter et ne plus vous en occuper. Comme vous voulez.

– Donc, je peux acheter un joueur, m'arranger avec les Wanderers et ne plus en entendre parler jusqu'à ce qu'un jour, les Wanderers m'appellent pour me dire qu'ils l'ont vendu en Europe et que je peux percevoir mes 50% ?

– Les Wanderers le vendront de toute manière. Mais vous ne devez pas perdre le contact avec le club parce que sinon, ils ne vous préviendront jamais. Et si j'ai un conseil, c'est de garder aussi le contact avec le joueur, même si ça doit vous coûter 200 dollars de plus par mois. Ah et vous pouvez aussi vous arranger sur d'autres points avec les Wanderers. En plus des 50%, vous pouvez mettre en place un système de primes. Par exemple, si le petit finit par jouer en Première division, vous touchez quelque chose, lui et vous. S'il joue quinze matches en Première division, vous recevez une autre prime. Vous pouvez négocier ce genre de choses.

– Si Milo me coûte 200 dollars, je pourrais le faire avec quarante enfants. Et un agent puissant pourrait le faire avec mille.

– Oui mais il n'y a pas mille talents. Vous devez comprendre que vous cherchez des talents et que vos concurrents passent leur vie à rechercher des talents. Quand un club engage un enfant de 12 ans, c'est parce qu'il y a eu toute une organisation derrière. Pourquoi le Barça a-t-il installé des écoles en

Argentine, selon vous ? Pour que le petit entre dans son giron avant de filer chez la concurrence.

– Et vous, vous avez un joueur entre 10 et 14 ans qui n'a pas de club ?

– Oui. Je vous explique. Un jour, un joueur que j'ai placé à Platense m'appelle et me dit : “Le meilleur joueur de Moreno habite à côté de chez moi.” Je suis allé voir le petit. Un monstre. Je l'ai amené à River pour qu'ils le voient. River le voulait mais voilà… Le petit a 10 ans, le père est mort il y a un an, la mère travaille et Moreno est à environ 50 kilomètres. Je ne pouvais pas aller le chercher tous les jours. Et je ne pouvais pas l'adopter. Donc, je vais le voir régulièrement, je lui demande s'il a besoin d'aide, je l'aide dans son quotidien mais il continue de jouer dans son club. Mais je vous l'assure, quand je l'ai vu, je suis resté bouche bée. Ce petit était différent. À River, ils m'appellent tout le temps. L'idée est que dès l'année prochaine, River l'inscrive au collège. Je pense que le petit doit continuer de jouer à Moreno. Je l'ai dit à sa mère. Dès qu'il aura fini son école primaire, je l'amènerai à River. Vous comprenez ? À River ou dans un autre club. Le môme est différent. Vous comprenez ?

Chapitre 27

Le formateur

La secrétaire me dit qu'il va arriver. Je dois attendre quelques minutes, il arrive tout de suite, il a eu un peu de retard. Pendant ce temps, je peux visiter le centre. Sur l'un des terrains, deux équipes constituées d'enfants de moins de 14 ans disputent un match viril. Tacles sévères, prises de bec, coups de coude, bicyclettes, dribbles chaloupés, passes en profondeur, centres. Et buts. Pères, mères et grand-parents lèvent les bras au ciel, dans une liturgie identique. La frustration se convertit en monotonie. En une illusion sans lendemain.

« Mon enfant, c'est le numéro 9. Il s'appelle Andrès et il est du coin, de Guayaquil », me dit le père du petit qui vient de marquer.

La secrétaire arrive en courant. Elle paraît nerveuse et me dit que M. Carlos Alejandro vient d'arriver. Il m'attend dans son bureau, dans le second appartement de la maisonnette, où l'on trouve le département administratif de l'académie de football Alfaro Moreno.

Carlos Alfaro Moreno est né à l'ouest de Buenos Aires en 1964. Il a joué chez les jeunes de Platense, club avec lequel il débuta à 16 ans, en Première division. Par la suite, il a évolué à l'Atletico Independiente, où il est devenu champion d'Argentine. En 1989, il fut désigné meilleur joueur de l'année. Deux ans plus tard, il était transféré à l'Espanyol de Barcelone, où il ne resta que deux saisons. Il retourna à Independiente puis signa au Barcelona SC de Guayaquil, l'équipe la plus populaire d'Equateur. Avec elle, il remporta le championnat équatorien en 1995 et 1997 et atteignit la finale de la Copa Libertadores en 1998. Après un bref passage par le football mexicain, il revint à Guayaquil où il raccrocha les crampons en 2002, dans les rangs du Barcelona SC.

« L'Équateur m'a beaucoup donné. J'ai gagné les plus beaux titres de ma carrière ici. Ma femme est équatorienne. J'ai obtenu la nationalité équatorienne. Ici, j'ai pu réaliser le vieux rêve de créer une école de football », explique Alfaro Moreno dans son bureau, où l'on voit des photos de lui avec Diego Maradona, de lui avec le maillot d'Independiente, la Coupe d'Équateur ou le maillot de la sélection argentine.

Quand il parle de l'école, il est dur à arrêter. Il s'approprie le ballon et commence à dribbler avec habileté. Il bouge les mains, se les passe dans ses cheveux châtain clair et gesticule énormément à chacune de ses phrases. Il explique que le projet a commencé à Guayaquil mais qu'il y a désormais des écoles dans tout l'Équateur. Il raconte qu'en presque dix ans, il a reçu près de 30 000 petits Équatoriens qui rêvaient tous d'être footballeurs. Quelques-uns ont voyagé à Buenos Aires, au centre d'entraînement pour footballeurs de haut niveau, dans le but de travailler avec Jorge Raffo.

« Dans quelques jours, nous allons réaliser un grand rêve : inaugurer la première école de football aux Îles Galapagos. »

Ça le rend euphorique. À peine lui ai-je dit que je suis partant pour l'accompagner qu'il prend son téléphone pour me réserver une chambre d'hôtel. Alfaro Moreno est efficace et il le sait. Il m'explique comment il voit le développement d'un enfant footballeur.

« Les gamins doivent comprendre que le plus gros du travail vient d'eux. C'est une question d'entraînement. Ils doivent s'entraîner, s'entraîner et s'entraîner. Il est important qu'ils sachent qu'il leur faudra de la persévérance et de la discipline dans leur travail quotidien s'ils veulent y arriver. »

Alfaro Moreno sait qu'il possède une belle usine à joueurs. Dans toutes les catégories de jeunes d'Équateur, on trouve des enfants passés par son académie. Il explique que les discussions sont bien avancées avec le président de l'Independiente d'Avellaneda, en Argentine, pour ouvrir une école là-bas. Et qu'il a établi les premiers contacts pour inaugurer une académie de football Alfaro Moreno à New York. Quand il parle du projet à New York, il bouge les mains, imitant quelqu'un qui construirait un édifice portant son nom en plein Times Square.

« Avant, nous habillions tous les enfants avec une marque de vêtements sportifs. Jusqu'au jour où je me suis rendu compte que nous devions acheter des maillots pour plus de 15 000 enfants et que je devais pratiquement tout payer. C'est pour ça que nous nous sommes lancés dans un nouveau business, qui est d'utiliser la marque AM, les vêtements Alfaro Moreno. »

À l'agence de voyages de l'hôtel, la vendeuse se démène pour que je reste plus longtemps aux Galapagos. « Ces îles sont uniques au monde », insiste-t-elle. Je lui explique que mon vol de retour est déjà réservé et que je ne peux pas changer le billet. Que je suis venu quelques jours à Guayaquil et que mon voyage aux Galapagos n'a rien de touristique. Le fait que j'aille faire des affaires et que je doive vite repartir la surprend. Elle ne comprend pas, malgré tout ce que je lui dis, que je vais aux Galapagos pour seulement deux jours.

« Faites-moi la réservation pour ces deux jours. Demain, je viendrai vous payer. »

Elle prend toutes les informations nécessaires, me demande le numéro de ma chambre et me quitte aimablement.

« A demain, si Dieu veut. »

Mais malheureusement, Dieu n'a pas voulu.

Le lendemain, la veille du départ aux Galapagos, un coup d'État raté contre le gouvernement de Rafael Correa a changé tout le scénario. L'espace aérien a été bouclé. Les voies de communication ont été coupées. L'état d'urgence nationale a été décrété.

Dans ma recherche à travers l'Amérique latine, il était possible que je rencontre une crise politique. C'était presque logique. Je vis en direct l'arrêt de la télévision nationale. Alors que la tentative de coup d'État se poursuivait en temps réel, je n'ai pas pu m'empêcher de penser que cette crise politique était en train de ruiner mon voyage. À cause de ces policiers qui demandaient une augmentation salariale et à cause de ces coups de feu, je ne pourrais pas connaître les enfants footballeurs des Îles Galapagos.

Deux jours après, l'aéroport a rouvert. Mon avion a décollé de Guayaquil, direction Buenos Aires. Il était toujours impossible de rejoindre les Galapagos. J'ai emporté avec moi le contact d'Alfaro Moreno ainsi que le nom de deux enfants que m'avait recommandés un cousin équatorien de mon contact en Espagne. Malheureusement, les deux enfants avaient déjà un agent.

Chapitre 28

L'autre

Nelson Perez s'appuie sur la main courante, à quelques mètres du terrain de terre. Il est en train de regarder un match de son fils José. Une fin de semaine comme tant d'autres dans le championnat Forjadores de Juventud, dans le coin Baron de Valparaiso.

« Mon enfant joue ici depuis qu'il a 8 ans », explique Nelson, caché derrière de grosses lunettes de soleil.

Je poursuis la conversation :

« Si José progresse chez les jeunes et si un jour, vous devez choisir, vous préférez qu'il fasse des études ou qu'il joue au foot ?

– Je préfèrerais le football. Qu'il continue jusqu'à

ce qu'il réussisse. Mais il fera ce qu'il veut. Ce qu'il veut, hein… »

Nelson accompagne José toutes les fins de semaine quand il y a match. Il le réveille tôt, l'aide à préparer son sac et pendant qu'ils prennent le petit-déjeuner, il lui parle de tactique. Pendant le match, il se tient debout et dirige son fils comme une sorte de coach particulier. « Monte », « redescend », « courage », « ça, non », « de ce côté, oui », « de ce côté, non », « très bien, José ».

– Vous gérez aussi les questions de contrat, Nelson?

– Un peu. Là, José s'entraîne aux Wanderers et à Ercilla.

– Mais l'enfant est à qui ?

– Comment ça, « à qui » ?

– Oui, à qui appartient-il ?

– À moi.

– Mais il appartient déjà à un club, non?

– Ah oui, mon fils appartient aux Wanderers.

– Vous avez signé quelque chose avec eux ou vous vous êtes juste serré la main ?

– Bah… j'ai signé un contrat qui disait que si le petit devait partir jouer à Santiago, nous serions d'accord.

– Et ça vous suffit ?

– Bah… ce n'est pas un vrai contrat. Mais ils

m'ont dit que quoi qu'il se passe, je devais être rassuré car ils se chargeraient de tout.

- Mais si je vous dis que votre enfant, qui a 9 ans, nous pouvons l'emmener en Europe et le placer dans un bon club… Je dois parler avec eux ?

– Directement avec les Wanderers.

– Et vous n'avez pas un autre fils ?

– J'en ai deux autres. Matias a 10 ans. Lui aussi a fait un test aux Wanderers mais ça ne lui a pas plu car ils l'ont secoué sur le terrain. En plus, il est lent. José est très rapide et plus constant. Les jeudis, il s'entraîne après le collège. Et il n'a pas peur des coups, lui.

– Personne ne vous a approché pour l'acheter ?

– Dans un championnat de Santiago, un type l'a vu et m'a parlé mais je n'ai déjà plus grand-chose à voir avec mon fils. Désormais, tout doit passer par les Wanderers.

– Vous êtes sûr ? Vous n'avez rien de plus à signer ?

– C'est ce qu'ils m'ont dit aux Wanderers… »

Margarita Flores, ma partenaire dans cette aventure, me rappelle dans la semaine pour me donner les dernières nouvelles. Avant de parler de la vente ou d'un des petits qui jouent dans son club, elle m'explique qu'elle a des problèmes chez elle. Sa relation avec son mari n'est pas extraordinaire. Pour ne rien arranger, un ancien joueur du club, l'un de ceux qui ont réussi à s'imposer dans une équipe de Première division, l'a complètement oublié.

Comme beaucoup de joueurs de Valparaiso, Carlos Munoz avait un talent assez précoce. Il a débuté sur les terrains d'Ercilla. Il y a effectué ses cinq premières années de formation avant de partir aux Santiago Wanderers. Il y a un an, Carlos a signé en faveur de Colo-Colo, en Première division. Depuis, son nom revient en Allemagne ou au Mexique. Dans ces différents transferts, le petit club d'Ercilla n'a pas perçu le moindre centime. À Ercilla, ils veulent simplement que Carlitos Munoz n'oublie pas d'où il vient.

« Il est arrivé à 5 ans et il est parti à 12, se souvient Margarita Flores.

– Vous n'avez rien perçu sur sa vente à Colo-Colo ?

– Vu que nous sommes indépendants et non associés, nous ne pouvons rien toucher, visiblement.

– L'équipe d'Alexis Sanchez, Arauco de Tocopilla, a touché plus de 300 000 dollars suite à la vente du joueur au Barça. Vous n'avez rien tenté ?

– Pour être franche, la moindre aide serait la bienvenue. J'ai dit à Carlitos de ne pas nous oublier, car c'est nous qui l'avons formé. Il est venu l'an passé à une remise de prix. Il m'a laissé ses deux numéros de portable. Je l'ai appelé, nous avons parlé et depuis, plus rien. J'espérais qu'avec cette vente de plus d'un million de dollars, il allait pouvoir faire quelque chose pour nous. Mais il nous a laissé tomber. »

D'après ce que l'on m'a dit à l'Association Nationale de Football Professionnel (ANFP), n'importe quel club professionnel ayant entraîné et formé les joueurs à partir de 12 ans peut recevoir une indemnisation. Carlos Munoz étant arrivé aux Wanderers à 12 ans, le club Estrellas de Ercilla ne pouvait pas réclamer une « indemnité de formation ».

L'ANFP précise quand même que dans un cas comme celui-là, il y a une autre règle que l'on pourrait appeler l'indemnité dite « de solidarité ». Ce droit, que peuvent faire prévaloir tous les clubs qui ont formé un joueur, permet d'obtenir 5% de l'opération économique. Le calcul s'opère en fonction des années passées dans chaque institution. Estrellas de Ercilla devrait recevoir ou au moins partager avec les Wanderers 175 000 dollars sur le transfert de Munoz, valorisé à un million et demi. Ou du moins, ils sont en droit de les réclamer.

Les histoires apparemment exagérées que j'ai pu découvrir pendant l'écriture de ce bouquin démontrent le grotesque du monde du football et de son business. La manière dont ce sport a dévié, jusqu'à arriver à la pornographie. Pas besoin d'être spécialement moralisateur pour être surpris par la passivité du marché en ces temps de capitalisme financier.

Baerke van der Meij, un bébé de 18 mois, a été signé par un club professionnel de Première division hollandaise. Les dirigeants du Venlose Voetbal Vereniging Venlo ont été mis au courant de ses prouesses grâce à une vidéo postée sur Internet. Ils l'ont invité à faire un essai dans leur stade avant d'offrir un travail à ses parents.

J'ai aussi découvert des histoires qui prouvent que la chance et le hasard existent toujours. Celle d'aujourd'hui va dans cette direction.

J'avais décidé d'utiliser Google. J'étais sans nouvelles de la signature de « C.L. 01 ». Depuis Valparaiso, Margarita Flores me répondait toujours qu'elle n'avait rien de concret. En suivant les conseils d'un agent FIFA avec plus de trente ans d'expérience dans le métier, j'ai décidé de poursuivre ma tâche comme si j'avais déjà signé « C.L. 01 ».

Je cherche sur Internet « enfants footballeurs de Valparaiso ». Le premier résultat dit : « Camilo Leiton, 9 ans seulement, est suivi par Saragosse. » Je continue de chercher et trouve ceci :

« Camilo Leiton : le futur crack de la Roja Valparaiso, mercredi 10 février 2010 Camilo Leiton Aros, enfant de 7 ans qui, il y a deux ans, vivait à Valparaiso et qui, depuis, vit en Espagne et plus précisément dans la province de Saragosse. Il joue et vit dans la même ville qu'Humberto « Chupete » Suazo.

Le point fort de Camilo est la puissance de sa frappe. Sur YouTube, on trouve beaucoup de vidéos qui montrent ses qualités, ses changements de rythme, ses passements de jambe, ses roulettes, tout ça avec un ballon de football qui lui arrive aux genoux.

Il y a deux mois, en décembre, Camilo a participé à un tournoi de Noël en Aragon, tournoi qui rassemblait plus de cent enfants. Il fut élu meilleur joueur.

À suivre.

Talent précoce.

À 7 ans, Camilo est déjà dans le viseur de beaucoup de clubs comme l'indique son père, Danny Leiton.

"Camilo joue actuellement à l'Union Deportiva Amistad et le coordinateur sportif m'a dit que beaucoup de clubs le suivaient. Saragosse, c'est acquis, le fera venir en Espagne quand il aura 9 ans", raconte Danny qui se trouve actuellement en Aragon avec Camilo et son épouse Macarena, dans le froid. Il se souvient avec nostalgie des jours à Las Canas. Tout n'a pas été facile en Europe. L'arrivée de cette famille chilienne sur le vieux Continent a été motivée par la recherche de nouvelles opportunités sportives pour le petit.

Aujourd'hui, la situation a un peu évolué. Les bonnes performances de Camilo ont réveillé l'attention des clubs. L'espoir est revenu, donnant à la famille le courage d'affronter l'adversité. Surtout dans le quartier de la Madre Patria de Saragosse, où les immigrants sont nombreux et souffrent de discrimination. »

Une semaine après avoir lu ce commentaire sur Internet, je décide de parler avec le père de Camilo Leiton, qui se trouve actuellement à Saragosse.

« Bonjour Danny. J'écris un livre sur les enfants footballeurs. Je suis tombé, sur Internet, sur les vidéos de votre fils Camilo à Saragosse.

– Oui, ça va pour lui. J'espère que ça va durer.

– À quel moment vous êtes-vous dit que Camilo était différent ?

– Dès ses 5 ans, nous avons remarqué qu'il était différent, il faisait des choses que les autres enfants ne faisaient pas. C'était inné. Il inventait des gestes.

– Et personne n'est venu vous voir pour parler de Camilo ? Pour l'acheter ou quelque chose comme ça ?

– Ça pourrait arriver mais pour le moment, il n'y a rien de confirmé. Saragosse est dans une situation sportive et économique difficile. Le plus probable est que le club le signe, car ils prennent des enfants à partir de 10 ans. Mais ça dépendra si le club est vendu ou non. On ne nous a rien dit jusqu'ici. Des rumeurs disent qu'ils vont supprimer la catégorie des joueurs de 10 ans.

– Et vous pensez qu'il va signer dans un club ? Vous ne préférez pas vendre les droits à quelqu'un qui trouverait un club pour Camilo ?

– C'est que vendre l'enfant… Il y a des agents qui demandent s'il peuvent le conseiller mais sans volonté de faire de l'argent.

– Pardon ?

– Oui. Les agents établissent les contacts et proposent de faire du business quand le gamin sera plus grand.

– D'accord. C'est précisément l'une des raisons pour lesquelles je vous appelle. J'écris un livre sur le sujet et je veux acheter un enfant. J'en ai vu un à Valparaiso, dans le championnat des Forjadores de Juventud. Il m'intéresse beaucoup. Attaquant, 11 ans, très fort. Mon idée est de l'amener en Europe en profitant de mes contacts.

– OK.

– Mais ça m'intéressait de vous appeler avant pour vous demander certaines choses. Vous, vous n'êtes pas venu en Espagne à cause de votre fils ?

– Non, nous ne sommes pas venus pour lui. Mais aujourd'hui, on reste pour lui.

– S'il n'était pas doué au foot, vous seriez déjà reparti au Chili ?

– Bien sûr.

– Et vous avez une idée de combien valent ses droits aujourd'hui ?

– Non. D'après ce que je sais, on ne fait pas de business à cet âge. C'est ce que l'on m'a dit. »

Je lui dis que mon contact pourrait être intéressé par son fils et qu'il l'appellera peut-être. Nous sommes peut-être en train de parler d'un futur crack. À la fin, je lui demande s'il peut me passer son fils au téléphone.

« Bonjour, Camilo.

– Bonjour.

– Comment s'appelle le club où tu joues actuellement ?

– Santo Domingo Juventud.

– Tu joues à quel poste ?

– Milieu de terrain offensif.

– Quel est ton joueur préféré?

– El « Mago » Valdivia[1].

– Où aimerais-tu jouer plus tard ?

– Au Barça.

1. *Jorge Valdivia est un milieu de terrain offensif chilien.*

– Qu'aimerais-tu faire avec ton premier salaire ?

– Acheter des choses pour mes parents.

– Qu'est-ce que tu aimes faire sur un terrain ?

– Faire des passes. Je suis plus passeur que buteur. C'est ça que j'aime, faire jouer les autres.

– Et qu'est-ce que tu détestes sur un terrain ? Recevoir des coups ?

– Mmm… Non, perdre.

– Tu veux être footballeur professionnel quand tu seras grand ?

– Oui, bien sûr, je veux être un grand footballeur. »

Danny vient du quartier de Las Canas. Avec sa femme et Camilo, qui avait neuf mois à l'époque, ils sont partis à Barcelone en 2002. En 2004, ils sont retournés à Valparaiso avant de revenir en 2006, à Saragosse. Aujourd'hui, Danny travaille dans un supermarché. Il s'occupe aussi de plusieurs sites Web pour promouvoir l'image de son fils. La crise a tout compliqué.

J'appelle mon contact en Espagne. Il me dit de réunir toutes les informations nécessaires sur « C.L. 01 » et Camilo Leiton. Il me parle de la crise en Espagne qui est en train de s'aggraver chaque jour un peu plus. À présent, on ne doit plus traîner.

Chapitre 29

L'Italien

Brescia est une ville tranquille, située aux pieds des montagnes de Lombardie, dans le nord de l'Italie. Elle compte près de 200 000 habitants et une équipe de football centenaire, le Brescia Calcio. Durant toutes ces années, Brescia a passé plus de cinquante ans en Serie B - un record en Italie - et n'a gagné aucun titre majeur. Sa plus belle réussite : vice-champion de la Coupe Intertoto, un tournoi pour les clubs qui n'étaient qualifiés ni pour la Ligue des champions, ni pour l'Europa League, et qui a disparu en 2008.

Quelques-uns se souviennent de ce 14 octobre 2001 où le club présenta sa dernière recrue, un Catalan, qui venait de dire adieu à son club de toujours, le FC Barcelone. Un gars tout maigre appelé Josep Guardiola.

Les photos de l'arrivée de Pep dans la ville le montrent heureux, saluant les bras en l'air. Sur d'autres, on le voit en train de poser avec les catégories de jeunes du club. On remarque que beaucoup de ces enfants viennent de différents coins du monde.

Quelques années plus tard, Pep allait enregistrer un spot de télévision pour promouvoir la recherche de nouveaux talents dans le monde entier. Avant de devenir l'entraîneur à succès que l'on sait, Pep est là, sur les photos, souriant aux côtés d'enfants venus d'Afrique, d'Amérique du Sud ou d'Europe de l'Est pour jouer à Brescia. Ce même club où, quelques temps plus tard, Nelson Bustamante avait fait un essai.

Nelson était un enfant pauvre qui, à 12 ans, utilisait déjà ses dons de footballeur pour gagner de l'argent. Chaque jour, il s'installait devant plusieurs feux de Santiago et jonglait avec le ballon pour quelques billets. Le genre de trucs qui plaît aux conducteurs. Sa dextérité balle au pied était telle qu'il commença à se faire un nom. Jusqu'au jour où un conducteur qui passait là par hasard le remarqua. C'était un homme d'affaires qui avait un contact pour amener des jeunes en Italie.

On raconte que l'homme d'affaires et son ami vendirent Nelson à Brescia pour 300 000 dollars. Ils parvinrent à convaincre les dirigeants que Nelson était le nouveau Lionel Messi, un Messi brut, tout juste sorti de la rue. Et quiconque le voyait jongler devant les automobilistes ne pouvait en croire ses yeux. À 14 ans tout juste, Nelson s'en alla vivre seul dans la paisible ville de Brescia.

L'une des personnes qui ont facilité la venue de Nelson en Italie est l'ex-footballeur chilien Frank Lobos. Un des contacts incontournables pour qui veut entrer dans le marché italien.

« Allô ?

– Bonjour, Frank Lobos ?

– Oui, c'est moi. Qui êtes-vous ?

– Bonjour. Je m'appelle Juan Pablo Meneses, je suis journaliste et je voulais savoir si je pouvais vous interviewer. C'est au sujet de Nelson Bustamante.

– Qu'est-ce qui se passe avec Nelson ?

– Nelson est au Chili ?

– Non, il est en Italie. À Bologne.

– OK. Je voulais savoir si je pouvais vous rencontrer car en plus de l'interview, j'ai un petit de Valparaiso qui pourrait plaire au foot italien.

– Bon… Appelez-moi la semaine prochaine. »

Une fois installé à Brescia, Nelson Bustamante a partagé l'internat avec des enfants venus d'Afrique et d'Europe de l'Est. Il était bon aux entraînements mais il n'a jamais gagné sa place de titulaire. Il avait réussi à « sortir » mais ne parvenait pas vraiment à « arriver ». Nelson était resté bloqué dans cette zone infime entre « sortir » et « arriver ».

Le « Messi chilien », comme ils l'avaient vendu en Italie, continua de jouer à Brescia, comme promesse, jusqu'à ses 18 ans. En dehors des voyages qu'il devait faire au Chili pour renouveler son visa, Nelson passa son adolescence confiné dans la résidence du club avec une vingtaine de joueurs venus du monde entier. Des joueurs qui seraient peut-être un jour, comme lui, titulaires.

Si, pour ceux qui veulent acheter un joueur pour le vendre en Europe, l'histoire s'arrête avec le contrat, le transfert, l'argent et le voyage, pour l'enfant footballeur, l'histoire commence précisément à ce moment-là. Les entraînements ne sont pas seulement une guerre sur le terrain. La condition d'immigrant s'ajoute à l'âge, la méconnaissance de la langue, l'éloignement avec la famille et l'envie de réussir, d'arriver au sommet, de revenir dans le quartier avec un bon salaire et de l'argent liquide dans les poches pour acheter ces choses auxquelles on n'avait jamais eu accès.

Il faut se battre pour quelque chose d'autre que le ballon, une action de but ou une passe en profondeur. Il faut se battre pour prendre une revanche sur la vie et ne pas tomber dans l'oubli.

Nelson signa finalement à Bologne, où il intégra l'équipe réserve. Il vit toujours loin de sa famille et s'il n'a pas encore trouvé ce qu'il était venu chercher, il sait qu'il est en train de tout faire pour y arriver.

Quand il avait 16 ans, Frank Lobos (l'homme qui a amené Nelson en Italie) était déjà l'un des footballeurs les plus célèbres du Chili. Avec la sélection nationale, il avait atteint la troisième place du Mondial des moins de 17 ans au Japon et son retour dans un pays privé de succès sportifs depuis des années l'avait élevé au rang de héros. Il tourna plusieurs publicités, fut juré au festival de chansons de Viña del Mar et joua même dans une télé-réalité.

Lors de la Coupe du monde des moins de 20 ans au Qatar, en 1995, Lobos rencontra des hommes liés aux paris sportifs. Onze ans plus tard, il fut condamné, par le tribunal disciplinaire de l'Association Nationale de Football Professionnel, à dix ans d'interdiction d'exercer la moindre profession en relation avec le football après avoir été convaincu de tentative de corruption. Selon le tribunal, Lobos avait offert à différents joueurs de différentes équipes 20 000 dollars environ issus de l'organisation mafieuse. Cette somme avait servi pour que certaines équipes perdent le tournoi de clôture du championnat chilien.

Dans le numéro 254 de la revue chilienne Capital, correspondant à la quinzaine du 12-25 juin 2009, les journalistes Nicolas Vial et Federico Willoughby écrivaient ceci à propos des représentants et des transferts de joueurs :

« Le plus grave est le cas de l'ancien joueur Frank Lobos et du club Lota Schwager. “Il est venu une fois voir un match, le petit lui a plu, il a parlé avec le père et l'a emmené. Je veux dire qu'il l'a emmené physiquement, il l'a mis dans un bus direction Santiago pour jouer dans un club amateur et le vendre par la suite à l'étranger. C'était une sorte de séquestration légale de notre patrimoine”, se plaint Oscar Solis, gérant des opérations de Lota Schwager. »

Après plusieurs mois sans réponses (ou alors on obtenait des excuses bidon), nous reprenons contact avec Lobos.

« Mais pourquoi voulez-vous qu'on se voie ?, me dit l'ex-footballeur déchu qui vient de passer des examens pour devenir entraîneur.

– Comme je vous l'ai dit, l'idée est que vous m'aidiez à placer un joueur en Italie. C'est un petit de Valparaiso. Il se trouve que j'écris un livre sur comment acheter et vendre un enfant sud-américain en Europe et votre témoignage m'intéresse.

– Hors de question. Je ne veux apparaître ni dans une interview, ni dans un livre. »

Chapitre 30

L'obsession

Le FC Barcelone est devenu la grande obsession des enfants d'Amérique du Sud. Le Barça est aussi l'obsession de tous les supporters. Et le Camp Nou, là où le club possède son siège, s'est transformé en destination touristique mondiale. Chaque jour, des gens venus du monde entier photographient la salle des trophées et parcourent le chemin qui mène à la pelouse.

On les voit fouler l'herbe sans joueurs, lever les yeux vers les milliers de sièges rouges et bleus vides, passer devant la chapelle située avant l'entrée sur le terrain ou déambuler devant la salle de presse où, les jours de visites, personne ne vient s'asseoir pour parler.

Les jours de match, la carte postale est différente. Aller voir jouer le FC Barcelone est devenu un pèlerinage. Pendant l'ère Pep Guardiola, le Barça est devenu l'équipe ayant gagné le plus de titres dans l'histoire du football, collectionnant sans faiblir plusieurs trophées comme le championnat d'Espagne, la Ligue des champions, la Coupe du Roi et le Mondial des clubs.

Les entrées sont rares. Les Japonais, un maillot de Lionel Messi sur les épaules, sont les premiers à se présenter les jours de match. À leurs côtés, des disciples du monde entier venus dans la Mecque du football pour trouver l'inspiration spirituelle « blaugrana »[1].

Tout le monde rêve du Camp Nou. Les petits Africains, les petits Américains et même les petits Européens s'imaginent tous marquer un jour dans ce temple moderne du football. En fermant les yeux, les enfants de Lima, Cali, Valparaiso, Rosario et Guadalaraja rêvent d'entrer sur cette pelouse, bras en l'air, et de saluer les 100 000 spectateurs de ce stade hors normes.

Mais avant, il faut entrer à la Masia, le centre d'entraînement des catégories de jeunes du FCB. Jusqu'à un passé récent, la Masia de Can Planes était

1. *Bleu et grenat, les couleurs du FC Barcelone.*

le lieu de résidence des jeunes du centre de formation. Elle fut construite en 1702. À partir de 1979, elle logea les futures grandes promesses du club catalan. Certains devinrent des emblèmes comme Pep Guardiola, Ivan de la Peña, Carles Puyol, Xavi Hernandez, Cesc Fabregas, Victor Valdes, Sergio Busquets ou Lionel Messi. Mais on compte aussi des centaines d'enfants qui ne sont jamais parvenus à jouer en équipe première. Plusieurs autres milliers ne s'habituèrent jamais à la residence, aux moqueries de leurs partenaires, aux clans, aux coups reçus dans la nuit, aux bandes, aux leaders, aux codes universels existant chez les jeunes, qu'ils soient issus du premier monde ou du tiers-monde. La survie est quelque chose de plus fort qu'adresser une bonne passe ou marquer un but de la tête.

L'édifice de la vieille Masia comprend deux étages et 600 mètres carrés de construction. Avant le déménagement au nouveau centre, une soixantaine d'enfants y vivait. Aujourd'hui encore, rien n'a bougé : il y a une cuisine, un réfectoire, une salle de jeux, une bibliothèque, des centres administratifs, des toilettes, des douches et des chambres à coucher.

« Oublie le Barça. Oublie qu'on peut mettre un enfant là-bas, c'est impossible. Le Barça, c'est LE business, me prévient le promoteur, mon contact en Espagne, le premier qui m'a averti que l'on tenterait plutôt des essais dans des clubs de seconde zone. Si on a de la chance, poursuit-il, on le placera en Deuxième ou troisième division. »

La présence du Barça dans le business des jeunes du tiers-monde est chaque jour plus importante. La Masia n'est plus ce qu'elle était. Loin de l'esprit de l'ancien centre de formation, situé dans une noble zone de la ville, où la grande majorité des enfants était constituée de Catalans rêvant d'être le nouveau Johan Cruyff, la Masia est aujourd'hui une structure énorme capable d'accueillir les nouveaux immigrants. Ici, on s'occupe d'eux avec une rigueur mécanique en tant que futures pièces du moteur de cette Formule 1 qu'est le FC Barcelone.

La machinerie a tellement grandi ces dernières années qu'il ne suffit plus d'attirer les meilleurs jeunes pour alimenter la machine. L'industrie du football, comme n'importe quelle activité financière, dépend des modes. Pour y répondre, il faut inventer, créer et produire de nouveaux noms capables de satisfaire le public.

L'une des idées les plus ambitieuses, pour accélérer l'arrivée de nouvelles stars, fut l'accord passé entre le Barça et le club argentin de Boca Juniors, en mars 2012, pour la formation de joueurs à la Candela, le siège de Boca à Buenos Aires.

Officiellement, le club catalan a annoncé que Boca Juniors allait « bénéficier de la structure et des moyens du Barça pour former ses entraîneurs dans le but de transmettre sa philosophie et sa manière de travailler pour le développement du football chez les jeunes ».

L'idée est de partager les promesses qui sortent de l'académie de Boca. Le Barça se réserve les droits de plus de 300 footballeurs formés entre 2006 et aujourd'hui.

Ces 300 enfants évoluent actuellement dans différentes équipes argentines. Quelques-uns commencent à apparaître dans des formations d'Amérique du Sud et d'Europe. Mais ils appartiennent au Barça, qui les forme indirectement, même si ces jeunes ne savent même pas à quoi ressemble la Masia. En résumé, mon expérience dans ce livre a été multipliée par 300 rien qu'en Argentine.

Le Barça est comme un gigantesque capteur de talents. Le Barça ou la professionnalisation du recrutement des enfants footballeurs. Le Barça comme un aimant à rêves. Le Barça comme formateur de héros. Pour beaucoup de Latinos Barcelone est la ville de l'espoir.

Chapitre 31

La famille

Pendant quelques jours, je fais les comptes avec le promoteur espagnol, qui m'envoie une liste de dépenses basiques.

– Deux vols direction l'Espagne : 3 000 dollars.

– Nourriture et déplacement durant les trois semaines d'essai : 500 dollars.

– Logement : il dit qu'il peut obtenir quelque chose pour 20 dollars par jour.

– Assurances : 40 dollars.

– Vêtements pour voyager : 100 dollars.

– Dépenses diverses : 500 dollars.

En finissant, le promoteur affirme :

« Ça va nous coûter au minimum 10 000 dollars le premier mois. Et je ne veux pas dépenser ça.

– Moi non plus.

– C'est pour ça qu'il faut l'amener déjà vendu ou à une étape très avancée dans la négociation. Au moins pour 20 000 dollars », ajoute-t-il avec agitation, comme s'il sentait qu'il allait enfin échapper à la crise économique.

Le promoteur me dit qu'il se chargera de tout une fois l'enfant sous ma charge, qu'il est déjà en train de travailler sur ce dont on aura besoin en Espagne. Il faut penser à une vidéo, trouver d'autres moyens de le mettre en valeur, créer une page Web et évidemment boucler le deal avec un membre de sa famille.

Les familles sont plus importantes qu'on ne le croit. Encore plus quand il s'agit d'enfants footballeurs.

Alexis Sanchez, le seul qui a réussi l'exploit de jouer pour le Barça, n'oublie jamais sa famille, qui vit à Tocopilla, une ville portuaire en plein milieu du désert chilien. Tocopilla fut un territoire bolivien jusqu'à ce que l'armée la reprenne en 1879. Entourée de dunes et de sables, la cité est aujourd'hui connue pour avoir enfanté Alexis et pour son haut niveau de toxicité dans l'air.

Les rues de Tocopilla sont toujours couvertes du sable du désert malgré la proximité de la mer. Quand on demande où habitait Alexis, le taxi se risque dans un quartier de maisons démembrées et écrasées par le soleil. Les unes à côté des autres, sans aucune couleur pour les différencier. La mauvaise qualité des constructions transforme des quartiers entiers en une sorte de grande bâtisse d'une seule et même couleur, d'où sortent sans cesse les enfants pour aller jouer. Il y a des câbles partout, des poubelles ouvertes et débordantes d'ordures, des toitures bizarres que jamais une goutte d'eau n'est venue nettoyer. Un paysage morne, jusqu'à ce qu'une maison bien différente aux autres se dresse au milieu de cet ensemble très impersonnel : une belle demeure bleue de deux étages, grande, de construction solide. La maison la plus célèbre de Tocopilla. Celle construite par Alexis Sanchez quand il triompha en Europe. La fierté de sa famille et de son quartier. Un arrêt obligé pour les rares touristes qui s'aventurent dans le coin.

Chaque Noël, Sanchez traverse l'Atlantique pour retourner dans son désert, son quartier, sa maison bleue, où il organise une grande fête. L'attaquant se déguise en Père Noël et s'en va distribuer des cadeaux. Ses parents et ses proches l'accompagnent toujours. Un clan de vingt personnes avec lequel il passe ses vacances au Chili. Avec eux, il a aussi pris l'habitude de s'enfermer dans un hôtel luxueux d'Antofagasta, la capitale de la région. Là-bas, dans le meilleur cinq étoiles du coin, ils demandent tous les poulets-frites et les pizzas qu'ils veulent. Ils jouent à courir dans les couloirs, à plonger dans la piscine et le soir, ils vont au cirque ou au centre commercial. La même routine familiale depuis des années. Le rêve accompli de l'enfant pauvre du Nord qui a probablement rêvé de « partir » et de pouvoir « revenir » dans ces conditions.

À Tocopilla, on est fier d'Alexis, même si les histoires de sa famille sont connues. Quelques temps après ma visite, la police de la ville arrêta une cousine de Sanchez pour recel. Chez elle, on trouva un téléviseur de cinquante pouces dont le vol avait été constaté quelques jours plus tôt. La police en conclut que la cousine de Sanchez avait utilisé sa maison comme « base arrière ». Le jour suivant, le frère et le neveu de Sanchez frappèrent le journaliste de La Estrella de Tocopilla qui avait sorti l'information.

Après la rixe, La Estrella de Tocopilla publia ce texte :

« Vers 10h du matin, des proches du footballeur du Barça sont arrivés au siège du journal. “La soeur d'Alexis, Marjorie Delaigue Sanchez, et son mari, Javier Encalada, se sont présentés pour demander des explications. Je les ai reçus et leur ai raconté comment j'avais obtenu l'information. J'étais tranquille, ignorant qu'ils allaient ensuite percuter mon véhicule à ma sortie du journal", déclara Alejandro Rondon, le journaliste agressé. »

Les proches des enfants footballeurs s'énervent souvent. Mais parfois, ils ont raison.

Il y a quelques mois, dans la ville chilienne d'Arica, un groupe de parents des joueurs de l'équipe des moins de 15 ans de San Marcos de Arica tentèrent de frapper l'entraîneur pour une sombre affaire de viol.

Les faits se déroulèrent à la sortie du jugement, après l'enregistrement de la plainte pour attentat à la pudeur contre l'entraîneur des petits qui avait demandé, à travers Facebook, des « faveurs sexuelles » contre la promesse de jouer dans l'équipe et donc de voir leur carrière sportive avancer.

À Tocopilla, on m'a dit qu'à peine ses premiers salaires perçus, Alexis offrit un cadeau très spécial à sa maman. Dans le quartier, tout le monde savait qu'elle adorait les machines à sous. En bon fils et pour que sa mère ne soit pas exposée loin de chez elle, il lui acheta deux machines pour qu'elle puisse jouer tranquillement à la maison. La tranquillité de la maman rassurait le fils.

Vivre loin de sa famille est l'un des principaux obstacles dans la carrière d'un enfant footballeur. Quand ils réussissent, beaucoup de joueurs décident d'emmener leur famille avec eux. Généralement par roulement : un mois pour le frère, un mois pour la maman, quelques semaines pour les amis. Quelquefois, tout le monde se retrouve en même temps. Bien sûr, ces histoires heureuses ne sont pas courantes. J'espère que le protagoniste de ce livre aura la chance de vivre ça lui aussi.

Chapitre 32

Le trésor

Trois semaines avant d'arriver à Guadalajara, au Mexique, j'avais commencé à chercher un moyen d'interviewer Junior Joao Malec, 12 ans. Fils d'une mère mexicaine et d'un père camerounais, Malec est devenu le joyau des jeunes de la populaire équipe des Chivas de Guadalajara. Malec est un milieu offensif gaucher et rapide. Il est tonique, a du rythme, de la puissance, le sens du but, de la vitesse et surtout beaucoup d'envie. Mais Malec a aussi un représentant, l'interdiction de donner des interviews, un statut de mini-star et un futur surveillé de près par tous les entraîneurs de jeunes du club, ce que l'on appelle au Mexique les « forces basiques ».

Sur les photos, on le voit avec un maillot rouge et blanc. Ses partenaires l'appellent « Kalusha » et ses parents savent qu'une torsion de la cheville, une chute ou un accident domestique peuvent arrêter sa carrière et briser ses rêves de gloire. Un vrai pur-sang.

L'attention qu'on lui porte est extrême. Ses représentants pensent qu'un inconnu ou une personne souhaitant l'interviewer est un espion au service d'un club européen. Tout le monde sait que Malec a un passeport français car son père, Jean Malec, a joué en France. Dans cette industrie, un Latino avec un passeport européen représente de l'or en barre.

« Ils le couvrent trop. Je n'ai jamais pu faire d'interview. Ils ne veulent pas qu'il parle », explique le journaliste Jesus Hernandez, de la rubrique Sports du journal Milenio, venu me chercher à l'hôtel Guadalajara Expo Plaza.

Nous montons dans sa voiture. Il me raconte que le cas de Malec n'est pas le seul exemple de surprotection à Chivas. Il est courant, selon lui, que les parents amènent leur enfant à l'entraînement et qu'ils se garent presque sur le terrain pour que celui-ci ne quitte pas la pelouse. Une manière artisanale de limiter les risques.

Nous sortons de la ville à la recherche d'enfants mexicains. L'école officielle de l'Atlas se trouve en banlieue (à Guadalajara, on retrouve des terrains « célèbres » : il y a un terrain Bernabeu, un terrain Maracaña et un autre qui s'appelle Centenario).

Ce samedi, il y a deux matches de jeunes. Parmi les parents qui animent la rencontre, on trouve Efrain Barba. Efrain est pharmacien et travaille dans le centre de Guadalajara. Il est ici pour suivre son enfant de 9 ans.

Il me dit qu'il ne veut pas lui mettre la pression mais n'arrête pas de lui crier dessus pendant le match. Quand je lui dis que je suis en train d'observer des petits, il me répète que jamais il ne déménagera à Mexico City pour que son fils rejoigne l'America. Il n'aimerait pas non plus que les Chivas le signent si jeune. Il dit que l'enfant doit d'abord penser à se développer dans son petit club.

« Et l'Europe ? Vous n'iriez pas avec lui en Europe ?

– Ah si, en Europe, je veux bien. »

Je dis à Efrain que je suis en train d'écrire un livre. Que mon idée est d'acheter un enfant latino-américain et que son fils a beaucoup de talent. Il y a quelques minutes, il vient de réaliser une action digne des plus grands en dribblant trois joueurs plus grands que lui puis en tirant puissamment en direction du but. Il me fournit son adresse mail et me demande de lui écrire la semaine suivante en faisant une offre concrète.

En plus de Junior Joao Malec et de quelques footballeurs mexicains, comme le fils d'Efrain, je me trouve dans la capitale de Jalisco pour la Foire internationale du livre de Guadalajara, la plus importante du monde hispanophone.

Sur place, je parle avec Oscar Camacho, finaliste du Prix national de journalisme en 2001, co-auteur de *La victoria que no fue*[1](2006) et ancien sous-directeur de l'hebdomadaire Emeequis.

Oscar a aussi travaillé comme reporter à La Jornada, dans les pages politiques, et il a été l'un des fondateurs et rédacteurs en chef de Milenio Semanal et de Mileno Diario. Cependant, il y a un aspect qui m'intéresse davantage dans sa biographie : Oscar a joué dans les « forces basiques » de Cruz Azul, l'un des clubs les plus importants du Mexique. Même s'il est devenu un journaliste de renom, il reste un enfant footballeur anonyme. Il a rêvé de « sortir » mais jamais il n'a pu « arriver ».

Quand je lui parle du livre, des villes que j'ai parcourues et de tout ce que j'ai vu, son oeil frétille. Le rhum, le whisky, les jolies journalistes en train de danser, la fête, le bruit, les coupes qui s'entrechoquent et les reporters qui racontent leurs dernières aventures, tout ça n'a plus d'importance.

1. *Il n'y a pas eu de victoire.*

Comme s'il se regardait dans un miroir en écoutant mon récit, comme si le rêve de devenir un joueur de Cruz Azul n'était pas encore évanoui, il élève la voix, pour couvrir la musique, et me dit : « Il y a plusieurs choses qui m'ont porté préjudice. Premièrement, j'étais seul. Mon père ne venait pas et ça fait une grosse différence d'être seul ou accompagné. Deuxièmement, je ne connaissais personne. Je n'avais pas de contact dans le milieu. Troisièmement, on ne me ménageait pas sur le terrain. J'ai reçu plusieurs coups violents. Je vous le dis parce que je l'ai vécu. Dans le parcours d'un jeune footballeur, on observe trois choses : beaucoup de corruption, beaucoup de népotisme et beaucoup de violence. »

Je suis visiblement le seul que ces histoires de footballeur raté intéressent. Quelques-uns des confrères qui passent font des blagues et m'offrent un autre whisky avant de partir danser. L'expérience mexicaine ? Oscar prétend que la corruption est grande car les parents donnent de l'argent aux entraîneurs pour que leur fils joue. Népotisme, poursuit-il, car la famille avance toujours plus vite. Les frères ou les fils des footballeurs. Les fils ou les cousins des dirigeants. Les cousins ou les fils de l'entraîneur. Eux avancent et bousculent tout. Et violence car les enfants, les groupes d'enfants - qui sont amis parce que les parents sont amis et que tout est arrangé avec le coach - s'unissent sur le terrain, comme une mafia, pour punir celui qui n'appartient pas au groupe.

« On me taclait aux genoux à l'entraînement. "Va te plaindre ! Va te plaindre, maintenant !" Tous me disaient cela. » Oscar crie pour qu'on puisse l'entendre au milieu de la fête. Il bouge les bras comme s'il s'agissait d'un coup donné sur le terrain par un enfant qui voulait lui faire du mal.

Je prends des notes. « Problèmes pour le développement d'un petit au Mexique : corruption, népotisme et violence. »

De temps à autre, au-delà des coups, il se remémore les bons moments. La joie qu'il éprouvait sur le terrain, la fierté de porter le maillot de Cruz Azul, l'envie qu'il ressentait à chaque fois qu'il foulait la pelouse, les rêves de gloire, celui de devenir un joueur professionnel. Et il raconte cela avec une telle joie… Un enfant footballeur ne cesse jamais de l'être au fond de lui.

Chapitre 33

Le raté

Les « forces basiques » du Club America de Mexico s'entraînent tous les jours de la semaine. Les installations des catégories de jeunes sont situées à quelques mètres du stade de l'America. Les jeunes venus de tout le pays passent leurs premières années ici. Ils rêvent de jouer en Première division, en équipe première, de donner des interviews dans les journaux sportifs et de mettre des buts au stade Azteca, devant le public le plus nombreux du Mexique.

Le 25 janvier 2010, les petits de l'école de football de l'America ont reçu un message spécial de leurs entraîneurs. En plus des nouvelles habituelles - la violence au Mexique, les enlèvements et les assassinats dans la guerre contre les narco-trafiquants -, un terrible évènement venait d'arriver. La nuit précédente, le buteur star de l'America, le Paraguayen Salvador Cabanas, l'idole de tous les petits de Chivas, avait reçu un coup de feu en pleine tête.

Michel Bauer, le président du club, avait confirmé la nouvelle. Selon lui, le tir s'était produit au Bar o Bar, situé avenue Insurgentes Sur, dans le district fédéral de Mexico.

Cabanas avait joué deux jours plus tôt contre l'équipe de Morelia. Un affrontement que l'America avait perdu 2-0. Le procureur du district fédéral, Miguel Angel Mancera, indiqua que le projectile « s'était introduit de face et qu'il se trouvait toujours dans le corps du joueur au moment du constat de la police ».

Avec le temps, cette première version des faits commença à changer. Ce qui n'était au début qu'une rumeur finit par se vérifier : l'incident était directement lié à la drogue et le principal suspect s'appelait Balderas Garza.

Des mois après l'incident, les médias mexicains annoncèrent la capture d'Edgar Valdez, le chef des cartels, alias « la Barbie ». Selon les déclarations de Valdez, Balderas Garza, alias « J.J. », et Cabañas étaient amis mais au petit matin, le jour des faits, ils ont eu une empoignade. Cela s'est terminé avec le Paraguayen blessé sur le sol du bar.

Un an plus tard, « J.J. » a été capturé vers Bosques de la Lomas, en compagnie de six personnes, dont sa femme, le mannequin Juliana Sossa Toro, ex-miss Antioquia. Durant l'arrestation, on a retrouvé bon nombre d'armes, de la drogue, plus d'un million de pesos mexicains, 50 000 dollars et plusieurs téléphones portables. Balderas, 34 ans, était l'un des hommes de confiance d'Edgar Valdez.

Recevoir un coup de feu en pleine tête n'est pas réservé aux grands buteurs de l'America ou d'un autre club mexicain. Souvent - plus qu'on ne le croit -, les enfants footballeurs du Mexique voient les balles de près. Peut-être cela les aide-t-il à se forger un caractère pour mieux jouer sur le terrain.

Ciudad Juarez, Chihuahua
14 juin 2011

Des jeunes qui jouaient au foot sur les terrains du quartier Infonavit Casas Grandes, à Ciudad Juarez, ont été attaqués par un groupe de personnes armées. L'incident a provoqué la mort de quatre d'entre eux et infligé des blessures à quatre autres, a indiqué la police municipale. Les premières versions indiquent que les agresseurs sont descendus d'une petite voiture. Sans prononcer la moindre parole, ils se sont mis à tirer sur les jeunes âgés de 18 à 25 ans.

25 janvier 2011

Sept footballeurs sont morts assassinés un dimanche à Ciudad Juarez, alors qu'ils disputaient un match de football, a indiqué la Fiscalité générale de l'État. Parmi les morts, il y a un enfant de 11 ans. Deux autres joueurs ont été hospitalisés.

Plusieurs individus armés sont entrés sur un terrain de football situé dans un quartier pauvre de Ciudad Juarez avant de menacer les joueurs et de commencer à tirer. Trois sont morts sur le coup, les quatre autres sont décédés des suites de leurs blessures. La police, qui pense que les assaillants ont tiré plus de 180 balles, ne sait toujours pas ce qui a provoqué cet incident mortel.

1er février 2010

La liste des victimes d'un commando armé qui a exécuté des jeunes, parmi des apprentis footballeurs, au cours d'une célébration à Ciudad Juarez, au nord de Mexico City, compte une seizième victime. Selon des sources officielles, le multiple homicide s'est produit dans trois appartements du quartier Villas de Salvarcar. Douze des jeunes tombés sous les balles ont été identifiés : dix jeunes hommes et deux jeunes femmes.

La procureure générale de justice de Chihuahua, Patricia Gonzalez, a indiqué en conférence de presse que différentes armes avaient été utilisées lors de l'assaut. Les victimes faisaient partie d'une équipe de football. Elles s'étaient réunies pour fêter une victoire en championnat.

Chapitre 34

La chaîne

Le promoteur insiste sur le fait que la crise en Espagne est chaque jour plus forte et qu'elle frappe quasiment à sa porte. Dans le même temps, il me donne une lueur d'espoir : « Quand il y a des problèmes, les gens ont besoin du football. »

Il me parle, comme chaque personne dans ce business, avec une énergie et un enthousiasme frappants. Je suis en train de vivre la chimère du parieur. Le marché des enfants footballeurs est comme un casino lumineux. À l'intérieur de ce casino, il y a ceux qui regardent et ceux qui parient, ceux qui misent gros, ceux qui espèrent qu'après tant d'efforts, toute cette agitation va porter ses fruits, pour ensuite célébrer leur réussite, les bras au ciel, en remerciant le destin et le casino.

Si ça ne marche pas ce coup-ci, si l'on perd, il faudra trouver un autre numéro gagnant, un autre joueur, un autre rêve. Les spectateurs, de leur côté, regardent sans prendre de risques. Comme toujours, ils se moqueront du perdant et envieront le gagnant, en sachant qu'ils n'ont jamais misé le moindre sou sur personne. Comme si prendre des risques était un sport qu'eux, en tant que public, pouvaient seulement observer.

D'où l'anxiété. L'adrénaline de ludopathe[1] avec laquelle me parle le promoteur. Cette fois, c'est sûr, on va faire un bon contrat. On va récupérer l'argent investi et on va gagner bien plus. L'espoir durera tant que le gamin jouera bien. Et après on passera à un autre, qui échouera un jour. Là, on passera encore à un autre.

Ça a été un voyage plein de répétitions. Peu importe que l'on ait traversé différents pays, différents terrains de football car au final, tout revient au même. Les pères qui demandent l'impossible à leurs enfants, les mères qui accompagnent, la violence dans la rue, les coups, les buts, le futur, la fête,

1. Dépendance pathologique aux jeux, en particulier aux jeux de hasard ou aux jeux d'argent.

la colère, la télévision, les contrats, les mauvais traitements, le business, l'industrie. À chaque fois, la même chose. Le même rythme pour des histoires et des vies différentes.

Les choses que je ferai une fois l'accord trouvé avec le grand père de « C.L. 01 » : la première sera d'aller chez un notaire afin que ce dernier certifie, avec la signature du parent le plus proche et la mienne, que l'enfant est sous ma tutelle et que chaque contrat, chaque négociation, ne pourra se faire sans mon aval. Puis je passerai à la banque pour acheter le gamin.

Ensuite, tandis que le promoteur en Espagne attendra les papiers, je parlerai avec l'entraîneur de l'enfant à Valparaiso et je lui dirai que désormais, je suis le responsable. Il doit me mettre au courant de tout.

J'ai pensé faire une bonne vidéo de « C.L. 01 » avec ses grandes actions, ses buts et des interviews de ses entraîneurs et de ses partenaires. Je connais des producteurs pour tout ça.

Après, on mettra la vidéo sur YouTube, un passage obligé car plus personne ne voyage avec des cassettes dans ses valises.

Bien sûr, il faudra acheter quelques vêtements et inscrire le petit au collège.

Il faudra aussi gérer les autorisations de voyager, qui ne sont pas simples à obtenir, mais n'importe quel avocat peut visiblement s'en charger.

L'idée est que le petit fasse un test avec une équipe européenne et de boucler la transaction avec cette même équipe. Je dois confirmer que tout sera pris en charge une fois le petit inscrit dans l'équipe.

Le club peut vouloir le petit ou le renvoyer chez lui. Un bon moyen de faire pression est de dire que Boca Juniors, comme l'avait promis Coppola, veut aussi lui faire passer un essai. Inventer une histoire. Parce que dans ce métier, tout n'est qu'histoires. Sortir de la pauvreté. Croire que l'histoire est la vérité. L'histoire de la fiction et non la fiction. Nous célébrons des buts, achetons les maillots des footballeurs, croyons aux marques qu'ils nous vendent. Et les voilà, ces photos de publicités géantes, ces idoles, ces joueurs qui sont sortis de la pauvreté et qui ont réussi. Icônes des marques et de la société de consommation. Mais si vous regardez bien, si vous vous plantez devant ce poster géant de cette star du football, il est là, dans son regard, ses gestes, l'enfant, celui qui a été vendu et acheté, acheté et vendu, utilisé et exploité et obligé à travailler. Il est là, l'espoir de la famille et du quartier, le coupable qui fait que tout ce système fonctionne, celui qui justifie cette chaîne. Le survivant.

Pour les enfants qui commencent à jouer au football, les idoles qui ont réussi sont l'exemple à suivre, le modèle à imiter mais pour nous qui sommes dans le business des transferts, ces cas sont des modèles d'affaire. Comme un enfant qui ne vaut rien, un enfant pauvre d'une famille pauvre d'une ville pauvre d'un pays pauvre peut générer des fortunes. Et à partir de là commence la chaîne. Cela paraît si facile.

Donc, si les pauvres ne valent rien, les enfants pauvres valent encore moins. Mais ils sont un super business. Et ils sont aussi un super business pour le journalisme cash, pour l'éditeur et le distributeur. Parce que chacun peut acheter une vache, la vendre et raconter son histoire. Chacun peut exploiter un enfant footballeur en l'achetant pas cher et en le revendant une fortune. Il travaillera dur loin de sa famille, oubliera ses origines, progressera, marquera des buts, il ne s'arrêtera pas, et vas-y, mon gars, tu vas y arriver, cours, sale fils de p…, mets-là ici, là, et tire, buuuuut !, put… de buuuuut !, buuuuut !, sale fils de p… Et tout le monde s'embrasse. Les supporters, les propriétaires du joueur qui savent que chaque but, chaque belle action signifie plus d'argent à la fin.

Dans cette histoire, tout le monde est gagnant. Il y a celui qui gagne de l'argent et du prestige avec ses films, ses documentaires, ses livres et ses reportages sur l'esclavagisme de ces enfants, cette situation que tout le monde connaît, qui est là, sous nos yeux. Tuer une vache est quelque chose de mal mais la manger est excellent. Exploiter des enfants footballeurs est très mal mais voir votre équipe remplie de stars est merveilleux. Celui qui veut montrer ce que personne ne veut voir gagne lui aussi. Au final, nous gagnons tous quelque chose. Certains beaucoup, d'autres moins mais tout le monde gagne au final. C'est ça, la vraie défaite.

Chapitre 35

Le héros

Aujourd'hui et après tant d'espoirs, le terrain d'Ercilla devient enfin un terrain en pelouse. On l'a livré ce matin. Fini la terre. La fanfare du collège Leonardo Murialdo défile sur l'hymne national et une délégation de toutes les équipes de jeunes du championnat Forjadores de Juventud est également présente. Dans l'une de ces délégations se trouve « C.L. 01 », le petit de Valparaiso que ses amis appellent Milo.

En ce jour d'inauguration, nous nous sommes donné rendez-vous avec le grand père de Milo. Un prix commémoratif doit être remis à Martin Arenas Jara, le dernier héros sorti de la pauvreté, qui commence à marcher vers la gloire. Il vient d'avoir 15 ans et il joue déjà en sélection nationale. Il y a peu de temps, il courait encore sur ce terrain où évolue désormais mon footballeur.

« Mon idole est Alexis et je veux jouer au Barça », me dit Martin, souriant, sensible lui aussi à la forte attractivité qu'exerce Barcelone. Martin est maigre. Il a les cheveux rasés sur les côtés et longs dessus et il est entièrement vêtu en Nike. Il est assis et quelquefois, il met dans sa bouche une chaîne en argent qui lui danse sur le coup quand il marche.

« Qui détient tes droits ?

– Les Wanderers. Ils ont tout acheté à Aguilas Verdes.

– Et tu as un agent ?

– Oui. Cristian Ogalde, l'agent d'Eduardo Vargas, de Mark Gonzalez, de Claudio Bravo, dit-il, mentionnant les internationaux qui ont joué en Première division en Europe.

– Et comment t'a-t-il approché ?

– L'entraîneur m'a fait débuter en équipe première et ils se sont intéressés à moi. J'avais le choix. Felicevich, l'agent d'Alexis Sanchez, m'a aussi approché mais la meilleure option était Ogalde.

– Pourquoi Ogalde était-il meilleur que les autres ?

– Parce que, contrairement aux autres, il faisait attention à moi. En plus, il m'a donné la possibilité de faire un essai de quelques jours à Villarreal.

– Avec qui irais-tu à Villarreal ?

– Avec lui. Mon papa vit là-bas, en plus. Avant, mon papa vivait aux Etats-Unis mais il y a quelques années, il est parti en Espagne. Au Chili, je vis avec mon grand-père, un oncle et la femme de mon oncle.

– Et ta maman?

– Elle est au ciel… Elle est morte.

– Si tu pars en Espagne, tu iras vivre avec ton papa ?

– Non, je ne veux pas. Je suis d'ici, maintenant. J'ai retrouvé une famille, ceux qui vivent là. Je devrai les emmener avec moi. Mes oncles et mon grand-père.

– Tu touches un salaire ?

– Non, pas encore, on regarde. Mais j'ai un sponsor, Nike, qui m'habille entièrement.

– C'est ton agent qui t'a eu ça ?

– Oui, c'est le seul qui est venu au rendez-vous avec un contrat d'équipementier. Ça aussi, ça m'a plu chez lui. Je peux prendre ce que je veux, des chaussures, des maillots… »

Le grand-père de « C.L. 01 » s'appelle Juan Carlos, il porte des vêtements de sport et travaille dans la rue Uruguay de Valparaiso. Il est président d'un petit club et il a un problème au foie, ce qui l'empêche de boire du vin et de faire des barbecues. Juan

Carlos me salue aimablement. Il sait que je cherche à le rencontrer depuis longtemps. Margarita Flores m'a un peu présenté.

Il me dit que le petit a eu de mauvaises expériences dans le passé, que son entraîneur le faisait courir plus que les autres, qu'il s'est plaint à l'entraîneur. Mais son petit-fils a beaucoup de talent.

« Il est rapide, non ?

« Oui, il est rapide, le Milo. Son entraîneur ne sait pas exploiter cette qualité.

– Mais il a envie de jouer ?

– Il adore s'entraîner. Je l'ai emmené à tous les entraînements des Wanderers. À chaque fois, il y allait avec le sourire. Mais quand il se comporte mal à l'école, je ne veux pas qu'il joue.

– Il se comporte mal ?

– Plus maintenant. Il se comporte même très bien. Je lui parle et je lui dis qu'il doit faire ça tous les jours. Les études en premier. Il veut des chaussures, il les a. Nous faisons les efforts, ma fille et moi, et il les a. Toujours. Mais lui doit faire des efforts pour nous.

– Et sur le terrain ?

– Je lui dis qu'il doit être discipliné. C'est le leader de son équipe mais il veut tout faire et oublie que c'est un sport collectif. Je lui dis tout le temps de bien se comporter car si une personne est désordonnée, elle ne donne pas tout ce qu'elle peut donner.

- Mon idée avec ce livre, en plus de raconter l'histoire de Milo, est de l'amener en Espagne. C'est une possibilité qui a peu de chances d'aboutir mais on travaille sur l'idée.

– Et vous le feriez en tant qu'agent ?

– L'idée est de vous acheter ses droits. On m'a dit que ça coûterait quelque chose comme 60 lucas », lui dis-je en pensant que 60 000 pesos chiliens valent environ 110 dollars [1].

Juan Carlos reste muet.

« Mais vous l'emmèneriez avec vous ?, demande-t-il, triste.

– Non, l'idée est d'obtenir le droit de le gérer et plus tard, de garder un pourcentage sur son transfert. C'est comme ça que l'on fait maintenant.

– Je comprends mais Milo est désormais un joueur suivi et il vaut plus que la somme que vous proposez.

– Il n'a pas encore explosé. C'est un pari.

– Je suis d'accord, il n'a pas explosé. Mais la somme doit être plus élevée.

– Pourrions nous trouver un accord pour une partie des droits ? Ça vous intéresse ou pas ?

1. Un luca = 1 000 pesos.

– On peut négocier. Mais il faut le faire devant un notaire, je veux quelque chose de clair.

– Et vous, vous pensez qu'il vaut combien ? Comme ça, on peut régler la question maintenant. »

Je fais exprès de demander pour qu'il fasse le premier pas.

« Non, je suis incapable de vous donner un chiffre. Si le petit n'a pas encore explosé, c'est difficile de savoir.

– Bien sûr, c'est un pari. C'est pour cela qu'il faut clairement que j'aie un pourcentage, même s'il joue aux Wanderers.

– Mais devant un notaire. Bien fait. Vous serez comme un parrain, un tuteur. Un tuteur, dit Juan Carlos en bougeant les bras comme s'il dressait une table pour des convives.

– Nous sommes d'accord que sur le fait que parmi tous ces enfants, il est probable qu'aucun ne devienne footballeur. C'est donc un pari.

– Oui… mais il peut y en avoir un qui sort sur mille.

– Ou aucun. C'est pour ça que les prix sont plus bas.

– Maintenant, Milo a 11 ans, il a déjà joué aux Wanderers, à la U[2]… Je connais les prix et je crois

2. *Club Universidad de Chile.*

que c'est plus que ce que vous me proposez. Mais on peut parler.

– Bouclons l'opération maintenant. Soixante mille, c'est pas assez ?

– Ah non, c'est clair…

– Et cent mille ?

– On commence à parler la même langue.

– Laissez-le moi à cent mille. C'est environ deux cents dollars.

– OK, on vous le laisse à ce prix mais on va devoir parler des détails.

– Je suis ouvert.

– Il ne va pas quitter son club, hein ?

– Maintenant, non. L'idée est qu'il joue aux Wanderers et qu'il explose. Pour revenir sur ce que vous demandiez, on va signer l'accord chez un notaire.

– Il sera donc indiqué que vous serez son tuteur.

– Et que je peux gérer sa carrière à l'étranger. Je l'achète maintenant et tout ira plus vite après.

– Et vous avez un contact dans un club, ici au Chili, ou dans un autre pays ?

– J'ai un contact en Espagne. Je fais tout ça parce que j'écris un livre sur les transferts de joueurs mineurs. »

Pendant ce temps, « C.L. 01 » est en train de jouer avec d'autres enfants, à quelques mètres de nous.

Le ballon arrive à « C.L. 01 ». Nous nous tournons avec son grand-père pour le regarder. Le petit l'a bien remarqué. Les enfants disputent un match entre amis mais « C.L. 01 » joue avec plus d'envie, comme s'il passait un test face à un acheteur potentiel. C'est comme si tous les autres bougeaient en slow motion et que Milo, lui, accélérait.

Milo passe le premier joueur.

Milo passe le second.

Milo se retrouve en face des buts et s'apprête à frapper.

Mira serre les dents.

Milo recule le pied droit avant de déclencher son tir.

Milo ne peut pas rater.

Milo frappe de toute son âme, comme un enfant qui veut sortir et arriver.

Milo retient son souffle quand le ballon part en direction du but.

Milo sait que nous le regardons.

Milo recommence à respirer quand le ballon fait trembler les filets.

Milo crie sa joie.

Le son revient quand tous les autres enfants célèbrent aussi le but. « C.L. 01 » lève les bras au ciel et regarde dans notre direction. Peut-être fête-t-il déjà sa vente pendant que ses partenaires l'embrassent.

Tous ces petits célèbrent un but sur un terrain de football comme les enfants de Ciudad Juarez avant que les balles n'arrivent. Ou ceux de Medellin, où Pablo Escobar avaient financé les mêmes terrains. Ou ceux du village Jesus Maria qui portent le maillot de Che Guevara et rêvent d'un football anti-système.

Et ils continuent de jouer et de se faire des passes. Il veulent tromper le gardien adverse comme s'ils étaient à Callao, au Pérou, comme s'ils étaient en train de jouer cette partie éternelle écrite par Teillier ou en train de suivre le ballon aux Galapagos, à Montevideo ou sur les terrains de sable de Tocopilla, là où Alexis Sanchez est né. Et ils frappent au but comme les enfants protégés de Guadalajara. Ils rêvent de la gloire comme les enfants de l'America de Mexico qui ont prié quand leur idole a reçu une balle dans la tête. Alors que le promoteur est chaque jour plus inquiet devant la crise économique, eux jouent à devenir le nouveau Lionel Messi ou le nouveau Diego Maradona. Toujours accompagnés de leurs pères et mères qui leur mettent la pression car ils croient en eux. C'est comme une condamnation et comme un sauvetage.

Et bien sûr, il y a cette éternelle contradiction du consommateur. Tuer des vaches est mal mais l'avoir dans son assiette est exquis. Exploiter, vendre et transférer des enfants qui jouent au foot est mal mais voir des garçons gagner des trophées dans son club préféré est génial et doit être célébré. Et bien sûr, on va suivre les histoires de ces contrats de millionnaires car ça fait partie de la grande fête. De cette roue de la fortune de la religion la plus étendue sur terre, comme l'a dit Vazquez Montalban en décrivant le football.

« J'espère qu'on officialisera cette semaine, je ne veux pas que l'on perde de temps, me dit le grand-père.

– C'est entendu. »

Et nous nous serrons la main. Un geste qui finalise officiellement la recherche du héros de l'ombre de ce livre.

Épilogue

Presque trois ans ont passé depuis l'achat de Milo par Juan Pablo Meneses. Une éternité dans le football. La vie de l'auteur et celle de son « achat », un petit footballeur qui a fait face à sa nouvelle notoriété, ont été bouleversées. Celle de certains protagonistes et de certaines institutions évoquées également. La traque des enfants footballeurs a donné un coup de frein à l'achat de mineurs dans le monde. Elle a aussi eu pour effet de faire sanctionner le FC Barcelone, l'un des clubs les plus avancés dans ce domaine, et d'en faire un exemple pour les autres.

La peine infligée au tout-puissant Barça est la raison pour laquelle Milo n'est pas encore venu en Europe. À l'origine, l'enfant de Valpairaiso devait rejoindre l'Espagne, probablement un club de Madrid, pour espérer évoluer au plus haut niveau. Il le fera peut-être dans quelques années. Peut-être. Car en Espagne, un joueur sur 5 000 réussit à atteindre la Première ou la seconde division.

Aujourd'hui, Milo a 14 ans. Il continue de jouer au Chili et poursuit « son processus de maturité », selon les termes de l'auteur, pour devenir, un jour, un footballeur professionnel.

Trois ans ont passé. Guillermo Coppola raconte toujours ses anecdotes sur Diego Maradona à qui veut bien les entendre et sans être un acteur majeur du football mondial comme dans les années 80, il reste une figure incontournable en Argentine. Il a fait de nouveau la Une de l'actualité en se mariant avec sa compagne Corina Juarez, de 24 ans sa cadette. Cheveux blancs hirsutes, teint hâlé, sourire éclatant, Coppola n'a pas vraiment changé depuis ses années de gloire. Le jeune entrepreneur chilien, celui qui voulait s'associer avec Juan Pablo Meneses pour créer une « usine » de petits footballeurs, cherche toujours à entrer en contact avec le journaliste pour mener à bien son projet.

C'est surtout du côté des institutions que La traque des enfants footballeurs a provoqué des bouleversements. Suite à la parution de l'ouvrage, la FIFPRO, le syndicat des footballeurs, s'est emparé des faits. La FIFA a ensuite été saisie. Jusqu'à aboutir au jour historique du 2 avril 2014.

Tout juste secoué par « l'affaire Neymar », un imbroglio juridico-médiatique mêlant commissions occultes, fausses informations et soupçons d'abus de bien social autour de la star brésilienne, le grand FC Barcelone s'est vu sanctionner par la Fédération internationale pour « non respect de l'article 19 du règlement sur le statut et le transfert des joueurs ». Pour les transferts à l'international de joueurs mineurs, la FIFA est claire. Il n'existe que trois conditions :

– si les parents du joueur changent de domicile pour des raisons qui ne sont pas liées à la carrière de leur fils

– si le transfert s'effectue dans le cadre de l'Union Européenne et que l'enfant a entre 16 et 18 ans

– si le transfert s'effectue à une distance maximale de 50 km entre les deux frontières

Le 2 avril, tête basse et teint blême, le président du Barça, Josep Maria Bartomeu, s'est présenté devant les micros. L'amphithéatre du Camp Nou était comble. Des journalistes du monde entier étaient présents pour couvrir ce nouveau scandale. La sanction venait de tomber suite à des irrégularités dans la Masia - le centre de formation ultra-sophistiqué du club catalan - commises entre 2009 et 2013.

En plus d'une amende de 450 000 francs suisses, Barcelone a été interdit de transferts pendant deux mercatos, ces périodes où les clubs peuvent acheter, prêter ou vendre des joueurs au niveau professionnel.

Deux plaintes ont alimenté le scandale. Au début de l'année 2013, le Barça a reçu l'ordre de ne pas aligner le Sud-Coréen Lee Seung-Woo, prodige asiatique sur lequel il comptait (et compte toujours) pour renforcer sa présence sur le juteux marché asiatique. Quelques jours plus tard, le patron du football mondial étendait la sanction à d'autres mineurs. Deux autres Coréens, Paik Seung-Ho et Jang Gyeolhee, plus le Français Théo Chendri, parti de Colomiers (Haute-Garonne) à 15 ans pour rejoindre la Masia, le Hollandais d'origine nigériane Bobby Adekanye et le Camerounais Patrice Soussia.

Aucun de ces six joueurs n'entrait dans le cadre de l'article 19 de la FIFA.

« Nous n'avons rien fait de mal et c'est un coup fourbe donné à la Masia, annonça, l'air gêné, Josep Maria Bartomeu au début de son allocution. Nous sommes un club exemplaire. Nous avons toujours défendu et nous défendrons toujours les mineurs. La Masia est un modèle pour tout le monde. La norme de la FIFA est une bonne chose. Nous reconnaissons chercher les talents partout dans le monde.

Mais quand nous les trouvons, nous prenons soin d'eux et nous les formons aussi bien sportivement qu'humainement. »

Le président du Barça, réélu massivement par les socios en août 2015, affirma également ce jour-là que depuis la sanction infligée aux six joueurs, la norme de recrutement au sein du club avait changé. Barcelone prenait beaucoup plus de précautions. Il concluait en vantant une dernière fois « le modèle Barça » devant la presse. « Il y a eu des dérives dans le monde et le Barça luttera toujours contre ceux qui font du tort aux enfants. Ce n'est pas notre cas. Plutôt que de sanctionner aveuglément, on devrait prendre le temps de regarder chaque cas, chaque enfant. On verrait que le Barça s'est toujours comporté de manière exemplaire. Il peut toujours y avoir des exceptions à une loi. »

Quelques mois plus tard, la FIFA, qui avait enquêté sur les cas de 37 jeunes résidents de la Masia, a étendu sa sanction à trois autres joueurs : le Japonais Takefusa Kubo (13 ans au moment des faits), le Français Kaïs Ruiz (12 ans) et l'Américain Ben Lederman (14 ans).

Pour Kubo et Lederman, non-résidents de la communauté européenne, la FIFA a été claire : interdiction de jouer sous les couleurs blaugrana avant d'avoir 18 ans. Comme on pouvait l'imaginer, Kubo est reparti (au Japon) avec ses parents, tout comme Lederman qui n'aurait pas disputé la moindre compétition avant 2018. Ruiz, lui, joue désormais au Paris SG.

Théo Chendri, lui, est encore là. Après avoir rongé son frein durant un an, le milieu de terrain a retrouvé les pelouses. Il est l'un des grands espoirs du club catalan où l'on loue sa technique et son implication. Jeune homme éduqué, issu d'une bonne famille, Théo ne correspond pas au profil type du mineur qui quitte son pays pour un grand club. Chendri n'avait pas besoin d'un contrat ni d'argent frais pour faire vivre sa famille. Le natif de Merville (Nord) voulait jouer pour Barcelone car c'était son rêve. Une critique récurrente formulée par certains parents.

Comme l'a écrit Meneses dans son ouvrage, pour certains, c'est un business normal. Chacun veut le bonheur de son enfant, quitte à oublier le côté pervers de la chose. Dans une interview au journal La Vanguardia, Corinne Szczur, la maman de Théo, montrait du doigt la FIFA à l'époque de la suspension frappant son fils : « C'est comme si on avait empêché mon enfant d'aller à Harvard. »

La famille Lederman suit la ligne de défense de Josep Maria Bartomeu quand il évoque « l'excellence » de la Masia. Né et élevé en Californie, le jeune Ben avait été repéré par des émissaires du Barça à l'âge de 10 ans. En 2011, les Lederman avaient décidé de partir vivre à Barcelone pour suivre leur fils. Jusqu'à la sanction. Aujourd'hui, Ben Lederman joue en Floride. Son père Danny, homme d'affaires, a décidé de porter l'affaire devant les tribunaux et d'attaquer la FIFA en justice. « Cela a tué notre fils, a affirmé Danny Lederman au New York Times. Et moi, en tant que père, cela m'a tué aussi. Je comprends que la loi fasse en sorte que les enfants ne soient pas séparés de leur famille. Mais nous avions fait le choix d'aller en Espagne. Le Barça ne nous avait rien payé ni offert, sinon l'opportunité, pour notre fils, de vivre son rêve. »

À ce jour, seuls le Barça et la fédération espagnole, qui avait autorisé l'entité catalane à inscrire les mineurs, ont été condamnés. Le Real Madrid, l'Atlético Madrid et le FC Valence ont également été dans le viseur de la FIFA mais aucune sanction n'est tombée. Peut-être ces clubs ont-ils pris toutes les mesures nécessaires pour régulariser les cas, échaudés par l'aventure du FC Barcelone. Une vision partagée par l'auteur de La traque des enfants footballeurs, Juan Pablo Meneses. Ce dernier a suivi de près les actions entreprises à l'encontre du Barça. Quand nous l'avons contacté, la première question s'imposait d'elle-même.

Juan Pablo, comment avez-vous réagi le jour où le Barça s'est fait sanctionner par la FIFA pour le transfert de joueurs mineurs ?

C'est un cas intéressant. La FIFPRO, qui est le syndicat mondial des joueurs, m'avait invité à Amsterdam pour témoigner. À partir de mes observations, ils ont demandé à la FIFA de prendre des mesures.

Je ne suis pas entièrement responsable, évidemment, mais le livre et l'exploitation permanente des enfants que je décrivais y ont sans doute contribué. J'ai fait le tour du monde pour présenter cet ouvrage. Dans beaucoup de pays, le livre a été co-édité par des syndicats de footballeurs.

Qu'est-il arrivé à Milo ?

(Sourire) Il s'est passé beaucoup de choses. Ce serait trop long de vous expliquer. L'avenir de Milo, je le raconterai dans le troisième volet d'une trilogie. Le premier livre, c'était l'achat d'une vache. Le deuxième, l'achat d'un enfant footballeur.

Le troisième tournera autour de ce qu'il est advenu de la vache et de l'enfant. Mais Milo va bien. Il se prépare à devenir footballeur.

Même s'il sait, comme je le raconte dans le livre, que le football professionnel ne compte que peu d'élus.

Avez-vous suivi le parcours de tous les enfants que vous avez approchés ces dernières années ?

Oui. Ceux de Petris, Edwin… Pour eux, la vie n'a pas changé. Ils continuent de jouer au football. Mais aucun n'a réussi à percer. Entre-temps, d'autres cas sont apparus. Ça me paraît fou vu l'impact que le livre a eu, notamment en Amérique centrale. Mais il y en a eu d'autres. L'un des plus connus et représentatifs de cette dérive est celui dit du « Messi de la Nieve », le « Messi de la neige ». Un enfant de 9 ans qui vient de Patagonie, en Argentine). Ce n'est pas un club qui l'a acheté mais un fonds d'investissement de Catalogne. Ces entrepreneurs l'ont emmené faire des essais dans différents clubs espagnols. Ces fonds sont un danger. Un grand danger. Vous savez pourquoi ? Parce que c'est un alibi pour les clubs comme le Barça ou le Paris SG. Ce ne sont pas eux, les responsables « directs », mais les fonds d'investissement. Les clubs peuvent éviter toute sanction. Il y a toujours des parades.

Savez-vous pourquoi seul le FC Barcelone a été sanctionné ?

J'ai une interprétation. Dans le livre, je dis que le Barça a été le plus innovant en matière de transferts de mineurs. Ne cherchez pas, personne n'a fait « mieux » que le club catalan. La FIFA s'est donc attaqué au leader en la matière, pour faire un exemple. La sanction est aussi tombée quelques mois avant le début de la Coupe du monde au Brésil, là où les enfants sont les plus chers et où le trafic est le plus organisé. L'une des réponses sous-jacentes du Barça est : « Tout le monde le fait. » Il n'y a pas à enquêter beaucoup pour constater que tout le monde le fait, effectivement. Le Real Madrid avec un Japonais. L'Atlético Madrid avec un Sud-Américain.

Les journaux sportifs relaient ça tranquillement. Mieux, ils se félicitent qu'un club ait trouvé un futur talent.

Simplement, aujourd'hui, on les laisse dans leur club d'origine pour ne pas se faire repérer. Il n'y a qu'a regarder sur Google. Tous les clubs ont acheté des mineurs. Regardez ce que disaient les journaux au sujet du « Messi de la Nieve ».

On rapportait que les gens de son village étaient fiers de sa réussite… Un enfant de 8 ans ! Nous sommes en pleine contradiction, comme je l'explique dans le livre. Tuer un animal est mal vu. Mais tout le monde l'oublie en dégustant un bon steak. C'est pareil pour les petits footballeurs. Amener un Africain de 8 ans dans un nouveau pays est mal. Le déraciner est mal. Mais tout le monde oublie quand quelques années plus tard, il fait gagner une Ligue des champions à son club.

Y a-t-il eu des représailles suite à la parution du livre ?

J'ai toujours pensé que j'aurais des problèmes… Par exemple, en allant voir des parents pour acheter leur enfant. Je pensais recevoir un coup de poing. Mais on me recevait les bras ouverts. Ce business du football est un monde secret. Personne n'a voulu faire un scandale, pas même Brescia, car on savait que j'avais des preuves.

D'autres cas auraient pu être révélés en cas de procès. Jamais le Barça ne m'a attaqué directement mais il a tout fait pour masquer ce que j'avais découvert, en tentant de régulariser certaines situations ou en cédant des droits à des fonds d'investissement. J'ai vu toutes les réactions possibles. Certains ont voulu créé des ONG pour aider les enfants. D'autres, et c'est le plus fou, m'ont appelé pour m'associer à leur business... C'est un fantasme énorme. Acheter un garçon 200 euros et le revendre des millions, c'est de la folie. Tout le monde veut « manger », faire partie de l'opération. J'ai même vu des producteurs de télévision dire à propos de jeunes, en direct : « Mesdames et messieurs, il faut investir sur lui ! » La nature humaine…

Il y a quand même eu des rencontres qui vous ont marqué de manière positive ?

Oui. Au club Che Guevara. Incroyable. Non seulement le club existe toujours mais sa popularité a augmenté après la sortie du livre. Un documentaire a été réalisé. Le club a reçu beaucoup de donations. J'en suis très fier.

La situation dans le monde s'est considérablement améliorée. C'est une victoire pour le football et les conditions de vie des enfants. À titre d'exemple, lors de la dernière Coupe du monde des moins de 17 ans, qui s'est déroulée au Chili, aucun joueur issu d'une des quatre équipes africaines qualifiées - Mali, Nigeria, Guinée, Afrique du Sud - n'appartenait à un club européen. Mais le combat n'est pas fini. Des agents véreux parcourent toujours l'Amérique du Sud et l'Afrique à la recherche de nouveaux talents peu chers et facilement exploitables. La misère économique est un terreau fertile. Tout le monde est coupable. Les clubs qui signent les mineurs. Les agents qui approchent les jeunes dès 6 ans et leur famille. Les marques qui sponsorisent des enfants, leur offrant un plan de communication et une présence sur les réseaux sociaux, « les transformant en vedettes de leur quartier et de leur école » comme l'a écrit El Pais. Et les médias qui n'hésitent pas à qualifier de « phénomène » ou de « nouveau Messi » un enfant d'à peine un mètre. Comme ce petit né à Mexico en 2004 et qui vient d'être enrôlé par le club de Majorque pour les… huit prochaines années, soit jusqu'en 2023. Luka Romero a la triple nationalité mexicaine, argentine et espagnole. Son papa, un footballeur argentin médiocre qui a écumé les divisions inférieures en Espagne, l'a encouragé à signer dans ce club des Baléares. Un contrat « légal », Diego Romero n'ayant pas déménagé pour suivre son fils. Luka Romero est un prodige de 10 ans. La presse l'a déjà baptisé « le nouveau Messi ». L'agent qui lui a ouvert la voie en Europe, Horacio Gaggioli, est le même qui avait permis l'arrivée de Messi au Barça en 2000. Luka a été filmé sur une plage en train de réaliser des prouesses techniques aux côtés de José Antonio Reyes (FC Séville), Marco Verratti (Paris SG) et Daniel Alvès (FC Barcelone). Ce dernier, hilare, a alors repéré quelques paparazzi en train de s'approcher. Au lieu de les chasser, le Brésilien leur a crié : « Ne prenez pas de photos de nous. Shootez le petit. C'est Lionel Messi. » Tous coupables !

Remerciements

La traque des enfants footballeurs doit beaucoup aux personnes que j'ai croisées, à ceux qui apparaissent dans ce livre et ceux que je n'ai pas pu mettre dans la version finale. À ceux qui m'ont donné leur nom et à ceux qui n'ont pas voulu, en échange d'autres pistes, d'autres informations et d'autres recommandations.

Merci à tous ceux qui savaient quel était mon but et qui, toutes ces années, m'ont parlé des joueurs, de leurs histoires, de leurs destins et de tous les personnages de leurs vies. Parmi eux, je veux remercier une véritable équipe de vedettes : Daniel Riera, Daniel Titinger, Santiago Cruz Hoyos, Daniel Samper, Alejandro Almazan, Santiago O'Donnell, Marco Aviles, Guillermo Culell, Francisco Mouat, Carlos

Vergara, Carlos Franz, Jesus Hernandez et Arturo Cervantes.

Merci à Diana Hernandez Aldana et à toute l'équipe de Blackie Books.

À mon père et mes frères, grâce à qui j'ai grandi en regardant du football.

Et merci à Christian Caresio, Pablo De Toro, Cristian Eltit et Gonzalo Mella pour tous ces matches que l'on a joués ensemble.

Bio auteur

Juan Pablo Meneses (Santiago du Chili, 1969), journaliste, est l'auteur de plusieurs livres : Equipage à main, La vie d'une vache, Sexe et pouvoir, Chroniques argentines et Hotel Espana. Au Mexique, il a édité l'anthologie Génération Bang ! qui faisait intervenir de jeunes chroniqueurs sur les histoires de drogue. À Buenos Aires, il a fondé l'école de « Journalisme portable ». Aujourd'hui, il dirige au Chili le journal Hoyxhoy. Ses ouvrages ont été publiés dans plus de vingt pays.

Édition française : Emmanuel Laureau
Epilogue et traduction : François David
Relecture et corrections : Franck Verrecchia
Montage et conception graphique : Éric Brognard

Aubin
IMPRIMEUR

Achevé d'imprimer en janvier 2016
N° d'impression 1512.0218
Dépôt légal, janvier 2016
Imprimé en France